Die Detox KÜCHE

Die Detox Küche

Parragon

Bath • New York • Cologne • Melbourne • Delhi
Hong Kong • Shenzhen • Singapore

This edition published by Parragon Books Ltd

Parragon Books Ltd
Chartist House
15–17 Trim Street
Bath BA1 1HA, UK
www.parragon.com

Neue Rezepte und Einleitung: Judith Wills
Fotografien: Tony Briscoe

Realisation der deutschen Ausgabe:
trans texas publishing services GmbH, Köln
Redaktion und Satz: lesezeichen Verlagsdienste, Köln
Übersetzung: Brigitta Hirt, Dormagen

ISBN 978-1-4748-2454-5

Printed in China

Hinweis
Sind Zutaten in Löffeln angegeben, ist immer ein gestrichener Löffel gemeint: Ein Teelöffel entspricht 5 ml, ein Esslöffel 15 ml. Sofern nicht anders angegeben, wird Vollmilch (3,5 % Fett) verwendet. Eier und einzelne Gemüsestücke sind von mittlerer Größe. Pfeffer wird grundsätzlich frisch gemahlen verwendet. Wurzelgemüse sollte vor der Weiterverarbeitung geschält werden.

Garnierungen, Dekorationen und Serviervorschläge sind optional und nicht unbedingt in der Zutatenliste oder Anleitung angegeben. Alle optionalen Zutaten und Zutaten zum Abschmecken sind nicht in den angegebenen Zeiten berücksichtigt worden. Die angegebenen Zeiten können von den tatsächlichen leicht abweichen, da je nach verwendeter Zubereitungsmethode und vorhandenem Herdtyp Schwankungen auftreten.

Wenn Sie Stevia verwenden, beachten Sie unbedingt die Packungsangaben zur Dosierung. Es gibt im Handel verschiedene Stevia-Produkte, die unterschiedlich dosiert werden müssen.

Die Informationen in diesem Buch verstehen sich nicht als Ersatz für den Rat eines Arztes. Wer krank ist oder ärztliche Betreuung benötigt, sollte unbedingt den Rat eines kompetenten Arztes einholen. Der Verlag schließt hiermit im Rahmen der gesetzlichen Bestimmungen jegliche Haftung für Schäden aller Art, die durch die Verwendung dieses Buches entstehen, aus.

INHALT

WARUM DETOX-ERNÄHRUNG?

Es ist kein Geheimnis, dass Gesundheit und Wohlbefinden eng damit zusammenhängen, was wir essen – oder worauf wir verzichten. Viele harmlosere, aber auch ernstere Krankheiten und alltägliche gesundheitliche Probleme lassen sich mit der richtigen Ernährung vermeiden, lindern oder gar beseitigen. So stehen zwei der ganz großen gesundheitlichen Probleme unserer Zeit, Fettleibigkeit und Diabetes Typ II, in engem Zusammenhang mit einer falschen Ernährungsweise. Herzkrankheiten, viele Krebsarten, Arthritis und Demenz hängen vermutlich – zumindest teilweise – ebenfalls mit der Ernährung zusammen.

Untersuchungen haben gezeigt, dass die Wahl unserer Ernährung einen positiven Einfluss auf unsere Energie, Vitalität und geistige Leistungsfähigkeit im Alltag hat. Auch unser Aussehen profitiert von dem, was wir essen oder worauf wir verzichten. Die Gesundheit von Haut, Haaren, Nägeln, Augen und Zahnfleisch hängt stark von einer vernünftigen Ernährungsweise ab. Doch aller Vorteile der Detox-Lebensweise zum Trotz mag Ihnen die Ernährungsumstellung vielleicht zu schwierig und mühsam erscheinen.

Viele verbinden mit dem Begriff „Detox" drastische, kurzfristige Umstellungen, üblicherweise in Verbindung mit einer stark reduzierten Kalorienzufuhr. So gesehen, erscheint eine Entgiftung nach dem Detox-Prinzip als etwas Extremes, dem man sich nicht auf Dauer unterziehen möchte.

Dieses Buch soll Ihnen einen anderen, sanfteren und praktikableren Weg aufzeigen, Ihren Organismus zu entschlacken, und Ihnen neue Denkanstöße zum Thema Entgiftung liefern. Diese Methode ist für Ihren Körper verträglicher und leitet zu einer gesünderen Ernährungsweise an – mit dem Ziel, sich gesünder, erfrischt, von unnötigem Ballast befreit, beschwingt und energiegeladen zu fühlen.

Die Rezepte in diesem Buch sind leicht zuzubereiten und die Zutaten einfach zu beschaffen, da sie in den meisten Supermärkten oder Reformhäusern erhältlich sind. Die Gerichte werden nicht nur Ihre Geschmacksknospen erfreuen, sondern auch Ihren Appetit zufriedenstellen, denn es erwartet Sie eine Vielfalt an Aromen und Texturen. Die meisten Rezepte sind besonders familienfreundlich, sodass alle Familienmitglieder ihre Freude an dieser reinen Form des Essens haben werden und Sie keine Extramahlzeiten für Einzelne zubereiten müssen.

Die hier vorgestellte Detox-Lebensweise können Sie problemlos und sogar für immer in Ihren Alltag integrieren. Sie ist weder einschränkend noch langweilig, hält aber Gerichte bereit, deren Zubereitung Spaß macht und die zum Experimentieren in der Küche einladen. Da die Zutaten meist besonders gesund sind, können Sie sich, anders als bei anderen Diätformen, auch immer satt essen.

Detox-Ernährung – was ist das?

Unsere Detox-Rezepte verzichten auf bestimmte Zutaten, die sich ungünstig auf den Organismus auswirken können und im Verdacht stehen, gesundheitliche Probleme zu verursachen. Dies gilt für Folgendes:

WEIZEN UND ANDERE GLUTENHALTIGE GETREIDESORTEN

Zwar leidet nur ein geringer Anteil der Bevölkerung an Zöliakie, einer gravierenden Allergie gegen Gluten, doch treten ähnliche Symptome durchaus auch bei einer zunehmenden Zahl von Menschen mit Glutenunverträglichkeit ohne Zöliakie auf. Andere reagieren empfindlich auf Weizen. Eine an Weizenprodukten und raffiniertem Getreide reiche Ernährung wird mit Fettleibigkeit und hohem Blutzuckerspiegel in Verbindung gebracht.

RAFFINADEZUCKER

Zahlreiche Studien auf der ganzen Welt legen einen Zusammenhang zwischen dem übermäßigen Verzehr von Raffinadezucker und Fettleibigkeit, Diabetes, Zahnschäden und Herz-Kreislauf-Erkrankungen nahe. Erst kürzlich sprach die Weltgesundheitsorganisation (WHO) die Empfehlung aus, den Verzehr von Raffinadezucker deutlich einzuschränken.

MILCHPRODUKTE

Laut der US National Library of Medicine können zwei Drittel der erwachsenen Weltbevölkerung Laktose, einen Bestandteil der Kuhmilch, nicht richtig verdauen. Der Genuss von Kuhmilch wird darüber hinaus mit Akne, manchen Krebsarten, der Neigung zu Entzündungen und sogar Knochenbrüchen sowie anderen gesundheitlichen Problemen in Zusammenhang gebracht.

VERARBEITETE LEBENSMITTEL

Lebensmittel, die einem intensiven Verarbeitungsprozess unterzogen wurden, enthalten häufig E-Substanzen und Zusatzstoffe. Zudem weisen sie große Mengen an Salz, Zucker, Fetten und möglichen Schadstoffen auf.

ALKOHOL

Langfristiger oder übermäßiger Alkoholkonsum erhöht das Risiko für Zivilisationskrankheiten wie Bluthochdruck, Herzerkrankungen, Schlaganfall, Leberleiden und Verdauungsprobleme sowie für Depressionen, Schlafstörungen, Demenz und viele andere gesundheitliche Probleme.

ROTES FLEISCH

Der Verzehr von rotem Fleisch wie z. B. Rind, Schwein oder Lamm und von verarbeiteten und geräucherten Fleisch- und Wurstwaren wird mit einem erhöhten Risiko für manche Krebsarten und Herzerkrankungen sowie mit häufigen Entzündungen und einer Schädigung des Verdauungsapparats in Verbindung gebracht. Eine tiereiweißreiche Ernährung kann zudem Nierenprobleme verursachen.

ZU VIEL SALZ

Starker Salzkonsum kann das Risiko für Bluthochdruck und Wassereinlagerungen im Gewebe erhöhen und die Symptome diverser Leiden wie Asthma und Arthritis verschlimmern.

KOFFEIN

Koffeinhaltige Getränke wie Kaffee, Tee und Cola werden mit Schlafstörungen, Nervosität, Panikattacken, Reizbarkeit, erhöhter Herzfrequenz sowie Magenbeschwerden in Verbindung gebracht und können außerdem sogar den Blutzuckerspiegel erhöhen.

WAS BEI EINER DETOX-ERNÄHRUNG ERLAUBT IST

Unsere Detox-Rezepte enthalten alle nötigen Nährstoffe, die für Gesundheit und Wohlbefinden nötig sind. Kohlenhydrate, Eiweiß und Fett sind ausgewogen, und die verwendeten Nahrungsmittel stecken voller gesundheitsfördernder pflanzlicher Stoffe, Vitamine sowie Mineral- und Ballaststoffe. Die Rezepte sind zudem überreich an Nahrungsmitteln, die das Immunsystem stärken, nützliche Darmbakterien vermehren helfen und die Leber unterstützen. Hier einige der wichtigsten Lebensmittelgruppen:

OBST UND GEMÜSE

Obst und Gemüse bilden einen wesentlichen Bestandteil jeder Entgiftungsdiät. Sie liefern wertvolle Kohlenhydrate, Ballaststoffe, pflanzliche Stoffe und reichlich Vitamin C. Viele Obst- und Gemüsesorten wie Rote Bete, Zitrone, Kohl, Apfel, Sellerie und Artischocke unterstützen bekanntermaßen die Leberfunktion und fördern die Darmgesundheit.

NÜSSE UND SAATEN

Nüsse und Saaten sind reich an gesunden Fetten und eine wertvolle Quelle für pflanzliche Proteine, Mineralstoffe und Vitamine. Als extrem vielseitige Zutaten bilden sie einen wichtigen Bestandteil einer Detox-Ernährung. Sie sind außerdem nützliche Hungerstiller für zwischendurch.

HÜLSENFRÜCHTE

Hülsenfrüchte wie Linsen und getrocknete Bohnen zählen zu den besten pflanzlichen Eiweißquellen. Darüber hinaus enthalten sie ballaststoffreiche Kohlenhydrate, gesundheitsfördernde Pflanzenstoffe sowie Vitamine und Mineralstoffe. Als Beigabe zu Eintöpfen und Aufläufen steigern sie den Nährwert jedes Gerichts.

GETREIDE

Auch wenn Sie in Ihrer Ernährung auf Weizen, Roggen, Graupen und Hafer verzichten, können Sie eine Vielfalt an Getreiden und Getreideerzeugnissen genießen, z. B. aus Pflanzen, die für Personen mit Gluten- oder Weizenunverträglichkeit geeignet sind. In den Rezepten kommen einige dieser schmackhaften, urgesunden Getreide zum Einsatz, z. B. Quinoa, Buchweizen und Mais.

ALTERNATIVEN FÜR MILCHPRODUKTE

Lebensmittel wie Mandeln, Haselnüsse, Kokosnuss, Reis und Soja sind leicht verdaulich und eignen sich ideal als Ersatz für gängige Milchprodukte. Aus ihnen werden Milch-, Joghurt-, Sahne- und Butterersatz hergestellt, die den Verzicht auf Milchprodukte leicht machen.

FETTER FISCH

Fetter Fisch ist reich an lebenswichtigen Omega-3-Fetten, die Ihre Gesundheit auf vielerlei Weise schützen. So darf fetter Fisch wie Lachs, Hering, Makrele und Sardinen als Lieferant wertvoller Fette in keiner Detox-Kost fehlen.

DIE RICHTIGE WAHL TREFFEN

In Ihrer täglichen Detox-Ernährung ist die richtige Auswahl der Zutaten wichtig. Ein Beispiel sind Öle und Gewürze. Zum Kochen und Braten stehen diverse Arten pflanzlicher Öle zur Verfügung, doch gibt es einiges zu beachten.

Wie Sie vielleicht wissen, haben einige pflanzliche Öle einen niedrigen Rauchpunkt, sollten also nicht allzu hoch erhitzt werden, da ihre gesunden Fette oxidieren und ihren gesundheitlichen Wert verlieren können. Olivenöl, insbesondere natives Olivenöl extra, hat einen relativ niedrigen Rauchpunkt. Erhitzen Sie es also nur leicht bis mäßig und möglichst nur kurz. Rapsöl und Kokosöl haben einen höheren Rauchpunkt und eignen sich daher eher für höhere Temperaturen.

Für Salate eignen sich alle Pflanzen-, Nuss- und Saatenöle gleichermaßen, denn aus ihnen lassen sich fantastische Dressings rühren, die reich an gesunden Fetten und Vitamin E sind. Verwenden Sie für Ihre Salate möglichst kalt gepresste oder native Öle extra, denn sie enthalten die meisten gesundheitsfördernden Pflanzenstoffe. Oliven-, Raps- und Haselnussöl sind großartige Lieferanten einfach ungesättigter Fette, während Lein-, Hanf- und Walnussöl reichlich Omega-3-Fette enthalten.

In einer Detox-Ernährung bieten sich zahlreiche Gewürze als Ersatz für zu viel Salz an. Eine Vielzahl alternativer Aromen sorgt für Pfiff, Abwechslung und Würze. Kräuter sind unverzichtbar – Blattkräuter wie Basilikum, Petersilie, Estragon und Koriander können frisch gehackt oder zerzupft in Gerichte eingerührt oder darübergestreut werden. Holzgewächse wie Rosmarin, Lorbeer oder Thymian eignen sich ideal zum Mitgaren.

Frische und getrocknete Kräuter sorgen für die geschmackliche Abrundung fast aller Gerichte, und sämtliche Kräuter und Gewürze sind reich an Pflanzenstoffen und Antioxidanzien. Bestimmte Gewürze wie Zimt und Kurkuma entlasten die Leber und dürfen in keiner Detox-Ernährung fehlen. Nicht zu vergessen ist der Saft von Limetten, Zitronen oder Orangen, der sich großartig in Salatdressings macht. Viele Essigsorten, angefangen bei süßen Balsamicos bis hin zu Sherry-, Apfel- oder Reisessig, sind ideale Zutaten in Dressings und warmen Gerichten. Manche Sorten gelten sogar als verdauungsfördernd.

Zum Süßen von Detox-Gerichten gibt es gleich mehrere Möglichkeiten. Ideale Kandidaten sind Früchte – ob frisch, getrocknet, püriert oder klein gehackt –, denn sie steuern zudem noch Masse, Ballaststoffe und Aromen bei. Rohzucker wie z. B. Palmzucker und Melasse haben nicht nur eine hohe Süßkraft, sondern auch viel Aroma. Melasse enthält viel Eisen und weitere Mineralstoffe. Auch Sirupe – von Ahornsirup über Dattelsirup bis hin zu Agavendicksaft oder braunem Reissirup – sind eine gute Wahl fürs Süßen. Diese Sirupsorten wirken sich meist nur minimal auf den Blutzuckerspiegel aus. Auch roher Honig bietet sich zum Süßen und Aromatisieren vieler Speisen an, denn er hat antiseptische Eigenschaften.

Kaufen Sie nach Möglichkeit Bioprodukte und unverarbeitete Erzeugnisse ein, damit Ihre Detox-Ernährung den größtmöglichen gesundheitlichen Nutzen hat.

DETOX FÜR IHRE GESUNDHEIT

Umfangreiche Untersuchungen zeigen, dass Sie viel Gutes für Ihre Gesundheit, Ihr Wohlbefinden und Ihre Lebenserwartung tun können, indem Sie mehr von den auf Seite 11 aufgeführten und weniger von den auf Seite 8 beschriebenen Nahrungsmitteln zu sich nehmen. Im Grunde ist Detox-Ernährung nichts anderes als das. Ihr Körper mit seinen Entgiftungsorganen Leber, Nieren, Haut und Lunge sowie dem Lymph- und Verdauungssystem hat mit dieser Ernährung die besten Voraussetzungen, um optimal zu funktionieren, und Ihr Organismus ist so gesund, widerstandsfähig und leistungsfähig, wie Sie es sich nur wünschen können.

Im Folgenden sind die wichtigsten positiven Effekte aufgezählt, die Sie feststellen werden, wenn Sie sich nach dem in diesem Buch beschriebenen Detox-Prinzip ernähren. Mit der Zeit werden diese Effekte immer offensichtlicher und ausgeprägter:

~ Gewichtsabnahme
~ weniger Wassereinlagerung
~ bessere Verdauung
~ mehr Energie
~ besserer Schlaf
~ reinere Haut
~ bessere Stimmungslage – geringere Neigung zu Depressionen und Ängsten

Es gibt noch weitere wichtige, langfristige gesundheitliche Vorteile. So können Sie Ihr Risiko verringern, an bestimmten schweren Krankheiten wie etwa Herzleiden, Krebs, Diabetes Typ II, Arthritis und Demenz zu erkranken. Auch kann eine Detox-Ernährung die Schwere einiger dieser Krankheitssymptome lindern. Menschen, die an Diabetes Typ II leiden, können sogar symptomfrei werden.

Steigern Sie nach Möglichkeit den Effekt einer sanften, langfristigen Entgiftung, indem Sie mäßig, aber regelmäßig Sport treiben – z. B. indem Sie an den meisten Tagen einen 20- bis 30-minütigen Spaziergang unternehmen und Ihr Tempo mit zunehmender Fitness steigern. Sportliche Aktivität trägt erwiesenermaßen auch zur Entschlackung des Körpers bei. Mäßige sportliche Betätigung stärkt die Lungenfunktion (durch Erhöhung der Herzfrequenz) und stimuliert alle Entgiftungsorgane zu mehr Effektivität.

Vergessen Sie nicht, im Rahmen einer Detox-Ernährung auf ausreichende Flüssigkeitszufuhr zu achten. Ideal ist einfaches Wasser, aber auch Säfte oder Smoothies, in Maßen genossen, sind empfehlenswert. Trinken Sie jederzeit ausreichend, um die Funktion von Verdauung, Leber und Nieren gut in Schwung zu halten.

FRAGEN UND ANTWORTEN RUND UM DAS THEMA „DETOX"

F.: MUSS ICH HUNGERN?

A.: Nein. Wenn Sie regelmäßig essen und trinken und aus unseren Rezepten eine ausgewogene Auswahl an Mahlzeiten und Snacks treffen, reduzieren Sie Ihre Kalorienaufnahme nicht so weit, dass Sie Hungergefühle entwickeln. Selbstverständlich können Sie auch jederzeit einen kleinen Extrasnack in Form von Nüssen, Saaten, Sojajoghurt und rohem Gemüse zu sich nehmen, wenn Sie tatsächlich einmal Hunger zwischen Ihren regulären Mahlzeiten verspüren. Die hier vorgestellte Ernährungsweise weist einen hohen Anteil an Ballaststoffen bei niedrigem glykämischem Index auf, zwei wichtige Faktoren für eine anhaltende Sättigung.

F.: IST EINE ENTGIFTUNG AUCH BEI SEHR VIEL KÖRPERLICHER AKTIVITÄT MÖGLICH?

A.: Ja. Sie müssen lediglich darauf achten, dass Sie genügend Kalorien zu sich nehmen, um Ihren Energiebedarf für Ihren aktiven Lebensstil zu decken. Kohlenhydratreiche Mahlzeiten und Snacks (siehe Nährwertangaben in diesem Buch) eignen sich ideal vor und nach körperlicher Betätigung, bei Bedarf auch Obst und Nüsse für zwischendurch.

F.: WAS IST DER UNTERSCHIED ZWISCHEN EINER DETOX- UND EINER BLITZDIÄT?

A.: Eine Blitzdiät besteht in der Regel in einer stark reduzierten Kalorienaufnahme, meist verbunden mit einer sehr eingeschränkten Auswahl an Nahrungsmitteln. Unsere Detox-Rezepte erfordern weder das eine noch das andere, sondern zielen auf eine längerfristige Umstellung der Essgewohnheiten ab.

F.: SIND DIE ZUTATEN FÜR DIE DETOX-REZEPTE SCHWIERIG ZU BESCHAFFEN?

A.: Nein. Wir verwenden Zutaten, die allgemein in Supermärkten oder Reformhäusern erhältlich sind.

F.: IST EINE ERNÄHRUNG NACH DEM DETOX-PRINZIP SEHR TEUER?

A.: Das muss nicht unbedingt sein. Zwar mögen manche Zutaten etwas teurer sein als andere, doch viele sind preiswert und über vielfältige Quellen zu beziehen. Zudem werden Sie Geld sparen, indem Sie auf teure oder unnötige Dinge verzichten, die nicht zu einer Detox-Ernährung gehören, etwa rotes Fleisch, Alkohol oder Fertigsnacks. Umsichtiges Einkaufen und die Wahl frischer Saisonerzeugnisse helfen ebenfalls zu sparen.

F.: IST DIE DETOX-ERNÄHRUNG UNBEDENKLICH?

A.: Ja, sie ist absolut unbedenklich. Wenn Sie sich an unsere Empfehlungen und Rezepte halten, entscheiden Sie sich für eine gesunde Ernährungsweise, die den natürlichen Entgiftungsmechanismen Ihres Körpers, vor allem Ihrer Leber, bestmögliche Unterstützung bietet. Wenn Sie allerdings gesundheitliche Einschränkungen oder Bedenken haben, sollten Sie unbedingt ärztlichen Rat einholen, bevor Sie mit dieser neuen Ernährungsweise beginnen.

FRÜHSTÜCK & SÄFTE

BIRCHER MÜSLI MIT KAROTTE, APFEL & GOJI

Über Nacht eingeweichter Buchweizen ist bekömmlicher und ergibt mit lauter weiteren gesunden Zutaten eine köstliche, wohltuende Variante des Schweizer Klassikers.

ERGIBT 4 PORTIONEN
VORBEREITUNG: 15 MIN. PLUS EINWEICHEN
GARZEIT: KEINE

125 g Buchweizenflocken
1 Karotte, gerieben
2 rote Äpfel
150 ml Apfelsaft
150 ml Mandeldrink
1½ EL getrocknete Gojibeeren
2 EL Haselnüsse, gehackt
2 EL getrocknete Aprikosen, gehackt
1½ EL Pistazienkerne
1 EL Sonnenblumenkerne

1. Buchweizenflocken und geriebene Karotte in eine große Schüssel geben. Einen Apfel vierteln, entkernen, in dünne Spalten schneiden, klein hacken und dazugeben. Alles gründlich vermischen. Apfelsaft, Mandeldrink und 1 Esslöffel Gojibeeren unterrühren. Abgedeckt über Nacht in den Kühlschrank stellen.

2. Am nächsten Morgen die Haselnüsse in die Schüssel geben und unterrühren. Den zweiten Apfel vierteln, entkernen, in dünne Spalten schneiden und klein hacken.

3. Das Müsli auf Portionsschälchen verteilen und mit den Apfelstückchen, den restlichen Gojibeeren, Aprikosen, Pistazien und Sonnenblumenkernen bestreuen. Sofort servieren.

CREMIGERE VARIANTE

Wenn Sie es cremiger mögen, können Sie den Apfelsaft auch weglassen und die Buchweizenflocken stattdessen in der doppelten Menge Mandeldrink einweichen.

Pro Portion: 260 kcal | 7 g Fett | 0,7 g ges. Fettsäuren | 47 g Kohlenhydrate | 18,3 g Zucker | 7,3 g Ballaststoffe | 6,7 g Proteine | Spuren von Salz

DATTEL-CHIA-SPEISE

Chiasamen, über Nacht in Kokosmilch eingeweicht, ergeben eine herrlich cremige Speise für ein raffiniertes Frühstück, das reich an wertvollen Fetten ist.

ERGIBT 2 PORTIONEN
VORBEREITUNG: 10 MIN. PLUS EINWEICHEN
GARZEIT: KEINE

- 3 EL Chiasamen
- 225 ml Kokosmilch
- ½ EL Dattelsirup
- Mark von ½ Vanillestange
- 3 EL Kokos-Sojajoghurt
- 1 große Medjul-Dattel, gehackt
- ½ Orange, geschält und in Scheiben
- 1 EL Granatapfelkerne

1. Chiasamen, Kokosmilch, Dattelsirup und Vanillemark in eine große Schüssel geben und gründlich vermischen. Abdecken und über Nacht im Kühlschrank einweichen.

2. Die Chiamischung kurz vor dem Verzehr auf Portionsschälchen verteilen. Auf jede Portion einen Klecks Kokos-Sojajoghurt geben und mit Dattelstückchen, Orangenscheiben und Granatapfelkernen garnieren.

3. Sofort servieren.

EIN HOCH AUF CHIA

Chiasamen sind reich an Omega-3-Fettsäuren sowie Ballast- und Mineralstoffen. Ihre Nährstoffe werden besonders leicht vom Körper aufgenommen.

Pro Portion: 226 kcal | 12,6 g Fett | 6,6 g ges. Fettsäuren | 26,3 g Kohlenhydrate | 14,9 g Zucker | 8,4 g Ballaststoffe | 5,1 g Proteine | 0,1 g Salz

BEERENSTARKER QUINOA-PORRIDGE

Mit ihrem hohen Gehalt an Protein und Ballaststoffen sorgen Quinoaflocken für den perfekten Start in den Tag und halten bis Mittag schön satt.

ERGIBT 4 PORTIONEN
VORBEREITUNG: 5 MIN. GARZEIT: 6 MIN.

100 g Quinoaflocken
1 EL geschrotete Leinsamen
½ TL Meersalz
½ TL gemahlener Zimt
¼ TL Ingwerpulver
¼ TL gemahlene Muskatnuss
550 ml Mandeldrink
1 EL Agavendicksaft
2 EL Goldbeeren
3 EL getrocknete Kokosflocken
40 g frische Heidelbeeren
40 g frische Himbeeren
40 g frische Brombeeren

1. In einer großen Schüssel Quinoaflocken, Leinsamen, Salz und Gewürze vermischen.

2. Mandeldrink in einem Kochtopf erhitzen und die Quinoamischung zugeben. Unter Rühren aufkochen, dann den Agavendicksaft unterrühren. Unter ständigem Rühren etwa 6 Minuten köcheln lassen bzw. so lange, bis der Porridge dickflüssig und die Flocken weich sind. Wenn Sie den Porridge flüssiger mögen, nach Belieben etwas mehr Mandeldrink oder Wasser zugeben und gut unterrühren.

3. Den Porridge in Portionsschüsseln füllen und jede Portion mit je einem Viertel der Goldbeeren, Kokosflocken und frischen Beeren garnieren. Sofort servieren.

GÖTTLICHE GOLDBEEREN

Goldbeeren sind getrocknete Physalis, die auch als Andenbeere, Andenkirsche oder Kapstachelbeere bekannt sind. Achtung: Es gibt auch noch Waldfrüchte mit dem Namen Goldbeeren. Die sind hier nicht gemeint!

Pro Portion: 198 kcal | 6,1 g Fett | 1,8 g ges. Fettsäuren | 29,8 g Kohlenhydrate | 10,4 g Zucker | 6,1 g Ballaststoffe | 4,9 g Proteine | 0,9 g Salz

SPIEGELEIER MIT SPARGEL

Proteinreiches Ei behauptet zu Recht seinen Stammplatz auf dem Frühstückstisch. Kombiniert mit vitamin- und ballaststoffreichem Spargel, ergibt es eine gesunde Köstlichkeit.

ERGIBT 2 PORTIONEN
VORBEREITUNG: 10 MIN. GARZEIT: 12 MIN.

1½ EL kalt gepresstes Rapsöl
½ TL Paprika
1 Knoblauchzehe, zerdrückt
¼ TL Meersalz
¼ TL Pfeffer
12 Stangen grüner Spargel, holzige Enden entfernt
4 Eier
1 Tomate, entkernt und in Würfel geschnitten
1 EL frisch Schnittlauchröllchen

1. Den Backofen auf 190 °C vorheizen. 1 Esslöffel Öl in einer kleinen Schüssel mit dem Paprika (eine Prise zurückbehalten) verrühren. Knoblauch, Salz und Pfeffer untermischen.

2. Die Spargelstangen großzügig mit dem gewürzten Öl bestreichen und in zwei flache Auflaufformen geben. Im vorgeheizten Ofen 7 Minuten garen bzw. bis die Garprobe mit einem scharfen Messer zeigt, dass der Spargel fast weich ist.

3. Die Eier gleichmäßig über dem Spargel aufschlagen und mit eventuell noch übrigem Würzöl beträufeln. Wieder in den Ofen schieben und 5 Minuten lang backen. Das Eigelb sollte noch flüssig sein.

4. Spiegeleier und Spargel mit den gewürfelten Tomaten und den Schnittlauchröllchen bestreuen. Vor dem Servieren mit dem restlichen Rapsöl und einer Prise Paprika garnieren.

JE FRISCHER, JE LIEBER
Achten Sie darauf, ganz frische Eier zu verwenden, damit das Eiweiß nicht zu sehr über dem Spargel verläuft, wenn Sie sie darüberschlagen.

Pro Portion: 252 kcal | 18,5 g Fett | 3,7 g ges. Fettsäuren | 7,2 g Kohlenhydrate | 3,4 g Zucker | 3,3 g Ballaststoffe | 15,2 g Proteine | 1,1 g Salz

AVOCADOMUS MIT GERÖSTETEN HANFSAMEN

Die geniale Kombination aus Avocado und Hanfsamen enthält gesunde, perfekt ausgewogene Fette und eine Vielfalt nützlicher Pflanzenstoffe.

ERGIBT 2 PORTIONEN
VORBEREITUNG: 5 MIN. GARZEIT: 1–2 MIN.

2 EL rohe Hanfsamen
2 reife Avocados, grob zerkleinert
1 EL Zitronensaft
½ EL natives Olivenöl extra
1 große Knoblauchzehe, zerdrückt
1½ TL Meersalz
½ TL Pfeffer
2 Scheiben glutenfreies Vollkornbrot à 45 g, getoastet
½ roter Chili, entkernt und fein gehackt, zum Garnieren

1. Eine beschichtete Pfanne auf mittlerer Stufe erhitzen. Die Hanfsamen darin 1–2 Minuten rösten, dann in einer kleinen Schüssel beiseitestellen.

2. Die Avocadostücke in eine große Schüssel geben. Zitronensaft, Öl, Knoblauch, Salz, Pfeffer und 1½ Esslöffel der gerösteten Hanfsamen dazugeben. Gut verrühren und zu einem groben Püree zerdrücken.

3. Avocadomasse auf dem Vollkorntoast verteilen und mit restlichen Hanfsamen und gehackter Chili bestreut servieren.

ZEITSPARTIPP

Wenn es morgens schnell gehen soll, können Sie das Avocadomus auch schon am Vorabend zubereiten. Einfach die Oberfläche glatt streichen und dünn mit Olivenöl übergießen, damit das Fruchtfleisch nicht braun wird.

Pro Portion: 464 kcal | 32,3 g Fett | 4,1 g ges. Fettsäuren | 38,8 g Kohlenhydrate | 3 g Zucker | 13,6 g Ballaststoffe | 8,8 g Proteine | 1,8 g Salz

RÜHREI MIT SCHWARZEN BOHNEN & MAIS AUF POLENTA

Rührei auf Toast, einmal mexikanisch inspiriert: besonders lecker zum Frühstück oder Brunch am Wochenende.

ERGIBT 2 PORTIONEN
VORBEREITUNG: 10 MIN. PLUS RUHEN
GARZEIT: 20 MIN.

70 g feiner Maisgrieß
1 TL gekörnte salzarme, glutenfreie Gemüsebrühe
1 EL Nährhefeflocken
½ TL Meersalz
1 EL kalt gepresstes Rapsöl, plus 1 TL zum Bepinseln
25 g rote Zwiebel, fein gehackt
25 g rote Paprika, fein gehackt
1 kleine Knoblauchzehe, zerdrückt
3 EL Zuckermais aus der Dose, abgetropft
3 EL schwarze Bohnen aus der Dose, abgetropft
1 EL zuckerfreie Chilisauce
4 Eier, verquirlt

1. Eine 15 cm x 15 cm große Auflaufform oder ein Backblech mit Backpapier auslegen.

2. Die Polenta mindestens 2 Stunden, bevor sie geröstet werden soll, zubereiten. Den Maisgrieß in einen kleinen Messbecher füllen. 375 ml Wasser mit der gekörnten Gemüsebrühe in einem Topf zum Kochen bringen und den Maisgrieß langsam und unter ständigem Rühren in das sprudelnd kochende Wasser einrieseln lassen. Bei hoher Temperatur 3 Minuten lang ständig weiterrühren, bis die Masse eindickt. Die Hitze reduzieren, Nährhefe und Salz unterrühren und unter häufigem Umrühren weiterköcheln lassen, bis ein dicker Brei entsteht.

3. Die Polentamasse in der vorbereiteten Form bzw. auf dem Backblech verteilen. Mit Frischhalte- oder Alufolie bedecken und für 2 Stunden zum Festwerden in den Kühlschrank stellen. Die Polenta in vier Dreiecke schneiden.

4. Die Hälfte des Öls in einer kleinen Pfanne erhitzen. Zwiebel und Paprika 7 Minuten darin garen, bis sie weich sind. Knoblauch, Zuckermais, Bohnen und Chilisauce unterrühren und 1 Minute weitergaren. Vom Herd nehmen und warm stellen.

5. Eine Grillpfanne oder den Backofengrill auf mittlerer Stufe erhitzen bzw. vorwärmen. Die Polentadreiecke mit dem Teelöffel Öl bestreichen. In der Grillpfanne bzw. unter dem Grill von beiden Seiten goldbraun werden lassen.

6. In einer separaten kleinen Pfanne das restliche Öl auf mittlerer Stufe erhitzen. Die Eimasse zugießen und unter gelegentlichem Rühren mit einem Holzlöffel oder Pfannenwender garen, bis sie stockt und krümelig wird. Die Bohnen-Zuckermais-Mischung vorsichtig unter das Rührei heben und mit der gerösteten Polenta servieren.

Pro Portion: 427 kcal | 19,9 g Fett | 4 g ges. Fettsäuren | 43,2 g Kohlenhydrate | 2,4 g Zucker | 3,9 g Ballaststoffe | 19 g Proteine | 2,7 g Salz

GRÜNKOHL-BANANEN-SMOOTHIE

Dieser cremige Smoothie schmeckt wie ein verführerischer Nachtisch und ist dabei auch noch gesund.

ERGIBT 1 PORTION
VORBEREITUNG: 5 MIN. GARZEIT: KEINE

40 g Grünkohlblätter
200 ml Eiswasser
1 TL Hanfsamen oder Hanföl
100 g gefrorene Banane
1 TL Rohkakaopulver, plus etwas mehr zum Garnieren
Mark von ¼ Vanillestange

1. Den Grünkohl grob hacken und mit dem Wasser im Mixer glatt pürieren.

2. Hanfsamen (oder Öl), Banane, Kakao und Vanillemark zugeben und alles glatt und cremig mixen. In ein Glas füllen, mit Kakao bestäuben und sofort servieren.

BANANE AUF EIS

So lassen sich Bananen einfrieren: Bananen schälen, nicht zu nah nebeneinander auf ein Gefriertablett legen und 30 Minuten einfrieren. Anschließend in Gefrierbeutel oder -boxen umfüllen. Innerhalb von 3–4 Monaten aufbrauchen.

Pro Portion: 133 kcal | 2,4 g Fett | 0,4 g ges. Fettsäuren | 28,1 g Kohlenhydrate | 13,1 g Zucker | 5,1 g Ballaststoffe | 4,3 g Proteine | Spuren von Salz

ROTE-BETE-KUR

Dieser nährstoffreiche Durstlöscher steckt voller Vitamine und Mineralstoffe.

ERGIBT 1 PORTION
VORBEREITUNG: 5 MIN. GARZEIT: KEINE

1 Rote Bete, halbiert
½ Limette
50 g roter Mangold
675 g Wassermelone, in dicke Scheiben geschnitten und geschält
1 kleine Handvoll Eiswürfel (nach Belieben)

1. Erst Rote Bete und Limette, dann Mangold und Wassermelone entsaften.

2. Nach Belieben ein Glas zur Hälfte mit Eis füllen, mit dem Saft aufgießen und sofort servieren.

ROTE BETE IST DIE BESTE

Rote Bete enthält praktisch alle Vitamine und Mineralstoffe, die den ganzen Organismus in Schwung bringen.

Pro Portion: 216 kcal | 1,1 g Fett | 0,1 g ges. Fettsäuren | 53,1 g Kohlenhydrate | 40,2 g Zucker | 5,9 g Ballaststoffe | 5,9 g Proteine | 0,5 g Salz

GRÜNTEEPUNSCH

Grüner Tee enthält reichlich Antioxidanzien. Zusammen mit Ginseng und Weizengras entsteht ein toller Detox-Saft, der von innen reinigt.

ERGIBT 1 PORTION
VORBEREITUNG: 5 MIN.   GARZEIT: KEINE

300 ml grüner Tee, abgekühlt
Saft von ½ Zitrone
¼ TL Flüssigginseng
1 TL Erbsenproteinpulver
1 TL Weizengraspulver
1 TL Macapulver
Eiswürfel, zum Servieren

1. Tee mit Zitronensaft, Ginseng, Protein-, Weizengras- und Macapulver verrühren. Alternativ alle Zutaten im Mixer verarbeiten.

2. Den Grünteepunsch sofort auf Eis servieren.

PARTYPUNCH

Für ein Sommerfest oder eine Gartenparty einfach eine größere Menge zubereiten und gut gekühlt aus einem Krug ausschenken.

Portion: 62 kcal | 0,6 g Fett | Spuren von ges. Fettsäuren | 7,6 g Kohlenhydrate | 0,7 g Zucker | 2,6 g Ballaststoffe | 6,8 g Proteine | Spuren von Salz

POWER-SALATSAFT

Anstelle von Romanasalat können Sie auch Eisbergsalat nehmen. Wenn Sie Salatherzen verwenden möchten, benötigen Sie zwei Stück.

ERGIBT 1 PORTION
VORBEREITUNG: 5 MIN. GARZEIT: KEINE

½ Romanasalat
2 Tomaten
2 cm langes Stück frischer Ingwer
1 Frühlingszwiebel
1 Selleriestange, halbiert
1 Karotte, halbiert
¼ Gurke, plus 1 Scheibe zum Garnieren (nach Belieben)
1 Handvoll Eiswürfel (nach Belieben)

1. Erst Salat und Tomaten, dann Ingwer, Frühlingszwiebel, Sellerie, Karotte und Gurke entsaften.

2. Nach Belieben ein Glas zur Hälfte mit Eis füllen, mit Saft aufgießen und mit der Gurkenscheibe garniert sofort servieren.

KLEINE ZWIEBELKUNDE

Zwiebeln, Lauch und Knoblauch sind reich an antiviralen und antibakteriellen Stoffen, denen man entgiftende Eigenschaften nachsagt. Roh verzehrt, entfalten sie ihre stärkste Wirkung. Da ihr Aroma ebenfalls sehr stark ist, sollten sie als Zutat sparsam verwendet werden.

Pro Portion: 144 kcal | 1,5 g Fett | 0,1 g ges. Fettsäuren | 30,8 g Kohlenhydrate | 14,6 g Zucker | 3 g Ballaststoffe | 7,4 g Proteine | 0,3 g Salz

ACAI-HAMMER

Ein großartiger Energielieferant – perfekt für ein schnelles Frühstück oder gegen den Durchhänger am Nachmittag.

ERGIBT 1 PORTION
VORBEREITUNG: 5 MIN. GARZEIT: KEINE

70 g Spinat
2 TL Acaipulver
2 TL Manuka-Honig
1 Prise Zimtpulver
250 ml Mandeldrink
zerstoßenes Eis, zum Servieren (nach Belieben)

1. Spinat, Acaipulver, Honig und Zimt in einen Mixer geben.
2. Den Mandeldrink zugießen und alles glatt und cremig mixen.
3. Nach Belieben zerstoßenes Eis in ein Glas füllen, den Saft darübergießen und sofort servieren.

NUSSALLERGIE
Falls Sie allergisch gegen Nüsse sind, ersetzen Sie den Mandeldrink durch Kokosmilch oder einen Reisdrink oder eine andere kuhmilchfreie Alternative.

Pro Portion: 130 kcal | 6 g Fett | 2,2 g ges. Fettsäuren | 17 g Kohlenhydrate | 12,1 g Zucker | 3 g Ballaststoffe | 3,1 g Proteine | 0,3 g Salz

ERFRISCHENDER TOMATENSAFT

In dieses Getränk gehören Tomaten der allerbesten Qualität. Selbst gezogene oder frisch gepflückte eignen sich ebenso gut wie Rispentomaten.

ERGIBT 1 PORTION
VORBEREITUNG: 5 MIN. GARZEIT: KEINE

2 Karotten, halbiert

1 Selleriestange, halbiert

2,5-cm-Stück Brokkolistängel

1 kleine Handvoll Basilikumblätter

4 Tomaten

1 kleine Handvoll zerstoßenes Eis, zum Servieren (nach Belieben)

1. Erst Karotten, dann Sellerie, Brokkoli und einen Großteil Basilikum entsaften. Die restlichen Blätter zum Garnieren beiseitelegen. Als Letztes die Tomaten entsaften.

2. Nach Belieben ein Glas zur Hälfte mit Eis füllen und mit Saft aufgießen. Mit den restlichen Basilikumblättern garnieren und sofort servieren.

SO WIRD AUS KRÄUTERN SAFT

Am besten funktioniert das Entsaften von Kräutern, wenn man sie zwischen festeres Obst oder Gemüse packt und, auf diese Weise beschwert, in den Einfüllstutzen des Entsafters gibt.

Pro Portion: 126 kcal | 1 g Fett | 0,1 g ges. Fettsäuren | 27,5 g Kohlenhydrate | 15,7 g Zucker | 2 g Ballaststoffe | 5,2 g Proteine | 0,3 g Salz

LEICHTE MAHLZEITEN

ZITRONENHÄHNCHEN AUF ZUCCHETTI

Haben Sie schon mal selbst gemachte „Spaghetti" aus Gemüse, z. B. Zucchini, probiert? Sie werden staunen, wie schnell und einfach das geht und wie großartig es schmeckt.

ERGIBT 4 PORTIONEN
VORBEREITUNG: 10 MIN. GARZEIT: 8 MIN.

je 2 grüne und gelbe Zucchini
2½ EL Olivenöl
2 große Hähnchenbrustfilets, quer in 10 Scheiben geschnitten
1 TL Koriandersamen, zerstoßen
½ TL Meersalz
½ TL Pfeffer
Saft von 1 Zitrone
2 EL Pinienkerne, geröstet
3 EL frische Korianderblätter

1. Mit einem Spiralschneider, Gemüsehobel oder Sparschäler die Zucchini in Spiralen oder dünne Streifen schneiden.

2. ½ Esslöffel Öl in einer beschichteten Pfanne auf höchster Stufe erhitzen. Die Hähnchenscheiben 1–2 Minuten unter mehrmaligem Wenden anbräunen. Die Hitze auf mittlere Stufe reduzieren und die Hälfte des restlichen Öls, Koriandersamen, Salz, Pfeffer und die Hälfte des Zitronensafts zugeben.

3. Unter gelegentlichem Rühren 5 Minuten weiterbraten, bis die Hähnchenscheiben gut durchgegart sind. Das Fleisch darf in der Mitte nicht mehr rosig sein.

4. Unterdessen das restliche Öl in einer großen Pfanne erhitzen und die Zucchinistreifen unter Rühren 1–2 Minuten bzw. so lange braten, bis sie gerade weich und goldgelb werden. Das Hähnchenfleisch auf den Zucchetti anrichten, mit dem restlichen Zitronensaft beträufeln und mit Pinienkernen und Korianderblättern garnieren.

ZAUBERHAFTE ZUCCHINI

Zucchini sind wichtige Lieferanten von Vitamin C und löslichen Fasern, die die Symptome des Reizdarmsyndroms lindern helfen können.

Pro Portion: 250 kcal | 14,7 g Fett | 2 g ges. Fettsäuren | 5,3 g Kohlenhydrate | 3 g Zucker | 1,6 g Ballaststoffe | 24,6 g Proteine | 0,9 g Salz

VIETNAMESISCHE GARNELENROLLEN

Leicht, glutenfrei und nahezu fettfrei – diese wunderbaren Rollen schmecken nach mehr und sind voller Proteine und Vitamine.

ERGIBT 6 PORTIONEN
VORBEREITUNG: 40 MIN. GARZEIT: KEINE

40 g Reis-Vermicelli

150 g abgekühlte gekochte Riesengarnelen, ausgelöst, kalt abgespült, abgetropft und in feine Scheiben geschnitten

abgeriebene Schale von 1 Bio-Limette

10 g frische Minze, Blätter abgezupft

10 g frischer Koriander, lange Stängel abgeschnitten

55 g Bohnensprossen, abgespült und abgetropft

55 g Karotten, in Stifte geschnitten

¼ Salatgurke, der Länge nach halbiert, entkernt und in Streifen geschnitten

¼ Romana-Salatherz, in Streifen geschnitten

6 Blätter Reispapier (20 cm Ø)

DIP

Saft von 1 Limette

1 EL Tamari

1 EL Muskovado-Zucker

1 TL thailändische Fischsauce

1 roter Chili, halbiert, entkernt und fein gehackt

2 Knoblauchzehen, fein gehackt

2,5-cm-Stück frischer Ingwer, abgebürstet und fein gerieben

1. Die Nudeln in eine Schüssel geben, mit kochendem Wasser bedecken und 5 Minuten weich werden lassen.

2. Die Garnelen mit der Limettenschale verrühren. Minze, Koriander, Bohnensprossen, Karottenstifte, Gurkenstreifen und Salat auf einer Servierplatte anrichten. Die Nudeln abtropfen lassen und auf einen Teller legen.

3. Etwas warmes Wasser in ein großes, flaches Gefäß gießen. Ein Blatt Reispapier darin 10–15 Sekunden einweichen, dabei etwas bewegen. Sobald das Reisblatt weich und transparent ist, herausnehmen, gut abtropfen lassen und auf ein Schneidebrett legen.

4. Ein Sechstel der Garnelenstücke in einem Streifen mittig auf dem Reispapier verteilen. Mit einem Sechstel von Minze, Koriander, Nudeln und Bohnensprossen belegen. Ein Sechstel von Karotte, Gurke und Salat hinzufügen. Das untere Drittel des Reispapiers über die Füllung schlagen, die Seiten einklappen und alles zu einer Rolle aufwickeln. Auf einen Teller legen.

5. Mit den restlichen Reispapierblättern ebenso verfahren, sodass sechs Rollen entstehen.

6. Für den Dip Limettensaft, Tamari, Zucker und Fischsauce in einer Schüssel verrühren. Chili, Knoblauch und Ingwer einrühren.

7. Jede Rolle halbieren. Den Dip in einzelne Schälchen füllen und zu den Rollen reichen. Falls die Rollen nicht sofort serviert werden, in Frischhaltefolie wickeln und bis zu 8 Stunden in den Kühlschrank legen.

Pro Portion: 112 kcal | 0,4 g Fett | Spuren von ges. Fettsäuren | 22 g Kohlenhydrate | 4,8 g Zucker | 1,4 g Ballaststoffe | 4,9 g Proteine | 1,2 g Salz

TOFU MIT SCHWARZEM SESAM

Aus Sojaquark hergestellt, ist Tofu ein vielseitiges Lebensmittel, das sich besonders gut in pikant gewürzten Gerichten macht. Der Beweis ist dieses köstliche Pfannengericht – ein geniales, schnelles Mittagessen.

ERGIBT 2 PORTIONEN
VORBEREITUNG: 10 MIN. GARZEIT: 15 MIN.

- 1 Ei, verquirlt
- 1 EL Tamari
- 1½ EL schwarze Sesamsaat
- 250 g fester Tofu, in mundgerechte Stücke geschnitten
- 70 g Reis-Vermicelli
- 2 EL Sesamöl
- 150 g Brokkoli, in kleinen Röschen
- 1 große Knoblauchzehe, zerdrückt
- ½ EL Zitronensaft
- 1 TL Chiliflocken
- ½ TL Pfeffer
- 1 TL Koriandersamen, zerstoßen
- 1 TL flüssiger Honig
- 2 Frühlingszwiebeln, in Ringe geschnitten, zum Garnieren
- 2 EL frische Korianderblätter zum Garnieren

1. Das verquirlte Ei in einer flachen Schüssel mit der Hälfte der Tamari verrühren. Sesamsaat in eine separate flache Schüssel geben. Die Tofustücke in der Eimasse wenden und danach einzeln in der Sesamsaat wälzen.

2. Die Reis-Vermicelli nach Packungsanweisung kochen. Abtropfen lassen und zugedeckt beiseitestellen.

3. Die Hälfte des Sesamöls in einer beschichteten Pfanne auf mittlerer Stufe erhitzen. Brokkoli unter Rühren 2–3 Minuten braten, danach Knoblauch, Zitronensaft, Chili, Pfeffer und Koriandersamen zugeben. Noch 1–2 Minuten unter Rühren weitergaren, bis der Brokkoli gerade weich wird. Den Honig unterrühren und die Pfanne zugedeckt beiseitestellen.

4. Das restliche Sesamöl in einer weiteren Pfanne auf mittlerer Stufe erhitzen. Die Tofustücke hineingeben und 3 Minuten unter gelegentlichem Wenden braten. Zum Servieren den Tofu zusammen mit der Brokkolimischung auf den Reisnudeln anrichten und mit Frühlingszwiebelringen und Korianderblättern garnieren.

TOLLER TOFU

Tofu ist frei von Cholesterin, dafür reich an Protein, Eisen, Kalzium und Ballaststoffen. Er ist schnell zubereitet und die ideale Zutat zu Pfannengerichten, da er sehr leicht die Aromen der Gewürze annimmt.

Pro Portion: 568 kcal | 31 g Fett | 4,8 g ges. Fettsäuren | 49,2 g Kohlenhydrate | 5 g Zucker | 7,9 g Ballaststoffe | 29,7 g Proteine | 1,5 g Salz

GRÜNE SUPERSUPPE

Diese kräftigende Suppe ist eine willkommene Erfrischung an heißen Sommertagen.

ERGIBT 2 PORTIONEN
VORBEREITUNG: 10 MIN. GARZEIT: KEINE

180 g Salatgurke

2 Selleriestangen

2 EL frisch gehackte Petersilie, plus etwas zum Garnieren

2 EL frisch gehackte Minze

2 EL frisch gehackter Koriander

250 ml Eiswasser

1. Gurke und Sellerie hacken. Mit Petersilie, Minze, Koriander und Eiswasser im Mixer glatt pürieren.

2. Mit Petersilienblättchen garnieren und sofort servieren. Alternativ im Kühlschrank aufbewahren und vor dem Servieren umrühren. Mit Petersilienblättchen garniert servieren.

GUTES IN DER GURKE

Es gibt Hinweise, dass Inhaltsstoffe der Gurke zur Bildung und zum Erhalt eines gesunden Bindegewebes im Alter beitragen. Gurke ist eine gute Quelle für den Mineralstoff Silizium, einem wesentlichem Bestandteil des Bindegewebes sowie von Knochen und Muskeln.

Pro Portion: 25 kcal | 0,2 g Fett | Spuren von ges. Fettsäuren | 4,9 g Kohlenhydrate | 2,3 g Zucker | 1,8 g Ballaststoffe | 1,2 g Proteine | 0,1 g Salz

KAROTTEN-CASHEW-AUFSTRICH AUF KRÄCKERN

Dieser Aufstrich ist nicht nur schnell zubereitet, sondern bietet sich mit seinem frischen Aroma und der köstlichen Komposition aus Kräutern und Gewürzen für besondere Gelegenheiten an.

ERGIBT 4 PORTIONEN
VORBEREITUNG: 5 MIN. PLUS EINWEICHEN/KÜHLEN GARZEIT: KEINE

140 g Cashewkerne
300 g Karotten, geschnitten
55 g helle Tahini
Saft von 1 Zitrone
2 TL Ingwer, fein gehackt
1 große Knoblauchzehe, zerdrückt
½ TL Meersalz
2 EL frisch gehackte Korianderblätter
8 glutenfreie Mehrkornkräcker, zum Anrichten
50 g kleine, junge Salatblätter, zum Garnieren

1. Die Cashewkerne in einer großen Schüssel mindestens 4 Stunden oder besser noch über Nacht einweichen. Gut abtropfen lassen.

2. Alle Zutaten außer den Korianderblättern in der Küchenmaschine bzw. im Mixer zu einer geschmeidigen Masse verarbeiten.

3. Die Korianderblätter unterheben und die Creme auf Ramequin-Förmchen von 8 cm Ø verteilen. Mit Frischhaltefolie abgedeckt 2 Stunden kalt stellen.

4. Die Creme auf die Kräcker streichen und mit den Salatblättern bestreuen. Sofort servieren.

CASHEWKUNDE

Cashewkerne sind reich an energieförderndem Eisen, antioxidativem Zink und nervenberuhigendem Magnesium, während Sesam wie in der Tahini vielerlei gesundheitliche Vorteile bietet, z. B. Schutz vor Herzkrankheiten.

Pro Portion: 453 kcal | 34,3 g Fett | 5,1 g ges. Fettsäuren | 28,5 g Kohlenhydrate | 6,4 g Zucker | 9,6 g Ballaststoffe | 15,5 g Proteine | 1,3 g Salz

SÜDINDISCHE LINSENBRÜHE

Diese wunderbar wärmende Suppe ist ein ideales Mittagessen. Für ein gehaltvolleres Abendessen kann sie mit Basmatireis serviert werden.

ERGIBT 4 PORTIONEN

VORBEREITUNG: 10 MIN. GARZEIT: 30–35 MIN.

100 g Toorlinsen (auch Straucherbsen, Toor Dhal)
1 TL gemahlene Kurkuma
2 EL Pflanzen- oder Erdnussöl
1 TL schwarze Senfkörner
6–8 frische Curryblätter
1 TL Kreuzkümmelsamen
1 frischer grüner Chili
1 TL Tamarindenpaste
1 TL Salz

1. Die Toorlinsen unter fließend kaltem Wasser abspülen und in einen Topf mit 600 ml Wasser geben. Kurkuma und 1 Esslöffel Öl hinzugeben. Den Topf abdecken und die Linsen 25–30 Minuten köcheln, bis sie weich sind.

2. Das restliche Öl in einer Pfanne auf mittlerer Stufe erhitzen. Senfkörner, Curryblätter, Kreuzkümmelsamen, Chili und Tamarindenpaste zufügen. Wenn die Samen zu platzen beginnen, Pfanne vom Herd nehmen, alles zur Linsenmischung geben und vermengen. Mit Salz abschmecken.

3. Die Linsenbrühe 2–3 Minuten auf dem Herd erwärmen und in kleine Schalen schöpfen. Nach Belieben mit heißem Basmatireis servieren.

KÖSTLICHE KURKUMA

Kurkuma, auch Gelbwurz, stammt von einer Pflanze, die in Indonesien und Südindien beheimatet ist. Der gelbe Farbstoff der Kurkuma soll vor Entzündungskrankheiten schützen.

Pro Portion: 163 kcal | 7,7 g Fett | 1,2 g ges. Fettsäuren | 18,7 g Kohlenhydrate | 1,2 g Zucker | 4,3 g Ballaststoffe | 6 g Proteine | 1,5 g Salz

BUCHWEIZENNUDEL-GEMÜSE-SALAT

Für diesen japanisch inspirierten Salat werden gesunder Brokkoli und eiweißreiche Sojabohnen mit Buchweizennudeln gemischt und mit einem Tamari-Ingwer-Dressing angemacht.

ERGIBT 4 PORTIONEN
VORBEREITUNG: 10 MIN. GARZEIT: 10 MIN.

150 g Sobanudeln

200 g Edamame (Sojabohnen, aus dem Asia-Shop), Tiefkühlware aufgetaut

225 g Brokkoli, in kleinen Röschen, Stiele in Scheiben

1 rote Paprika, in feinen Streifen

1 violette oder orange Paprika, in feinen Streifen

115 g braune Champignons, in feinen Scheiben

85 g Sonnenblumensprossen

DRESSING

2 EL Reisessig

2 EL Tamari (japanische Sojasauce)

4 EL Reisöl

4-cm-Stück frischer Ingwer, geschält und fein gerieben

1. Kaltes Wasser in den unteren Teil eines Dämpftopfes füllen und zum Kochen bringen. Nudeln und gefrorene Edamame hineingeben und erneut zum Kochen bringen. Den Brokkoli in den Dämpfeinsatz geben und diesen in den Topf setzen. Bei geschlossenem Deckel 3–5 Minuten dämpfen, bis Nudeln und Gemüse knackig gar sind. Nudeln und Edamame abschrecken und abtropfen lassen. In eine Schüssel geben und den Brokkoli zugeben. Abkühlen lassen.

2. Für das Dressing Essig, Tamari, Öl und Ingwer in ein Schraubglas füllen, zuschrauben und leicht schütteln. Über den Salat träufeln und unterheben.

3. Paprika und Pilze zufügen und ebenfalls sorgfältig unterheben. Auf vier Salatschalen verteilen. Mit den Sprossen garnieren und sofort servieren.

EDAMAME

Edamame – frische Sojabohnen – sind eine hervorragende Quelle sämtlicher essenzieller Aminosäuren und damit das ideale Nahrungsmittel für Vegetarier. Sie sind außerdem reich an Vitamin K, Folsäure, Mangan und Ballaststoffen.

Pro Portion: 496 kcal | 28,9 g Fett | 4,4 g ges. Fettsäuren | 45 g Kohlenhydrate | 6,6 g Zucker | 9,2 g Ballaststoffe | 17,8 g Proteine | 1,1 g Salz

RUCOLASUPPE

Avocado und Kokosmilch fangen nicht nur die milde Schärfe von Rucola und Senfblättern auf, sie sorgen auch für eine cremige Textur.

ERGIBT 1 PORTION
VORBEREITUNG: 10 MIN. GARZEIT: KEINE

20 g Rucola, plus etwas mehr zum Garnieren
20 g Senfblätter
200 ml Eiswasser
Fruchtfleisch von ½ Avocado
125 ml Kokosmilch

1. Rucola, Senfblätter und Eiswasser im Standmixer pürieren.

2. Avocado und Kokosmilch zufügen und alles glatt und cremig mixen.

3. Sofort servieren oder im Kühlschrank lagern. Vor dem Servieren noch einmal gut umrühren und mit Rucola garnieren.

RUCOLAFAKTEN

Wilde Rucolablätter sind reich an Karotin und enthalten viel Lutein, das besonders gesund für die Augen ist. Das in Rucola enthaltene Indol soll sogar vor Darmkrebs schützen.

Pro Portion: 379 kcal | 37,9 g Fett | 25,2 g ges. Fettsäuren | 11,9 g Kohlenhydrate | 4,4 g Zucker | 6,1 g Ballaststoffe | 5,4 g Proteine | Spuren von Salz

GEBACKENER LACHS AN SÜSSKARTOFFEL- & GURKENSTREIFEN

Eine einfache, erfrischende Mahlzeit, in der viel Gutes steckt: Vitamin C und E sowie essenzielle Omega-3-Fettsäuren.

ERGIBT 4 PORTIONEN
VORBEREITUNG: 15 MIN. GARZEIT: 16 MIN.

2 Süßkartoffeln
1½ EL kalt gepresstes Rapsöl
½ TL Meersalz
½ TL Pfeffer
1 Gurke, beide Enden abgeschnitten
1 EL Weißweinessig
1 TL milder flüssiger Honig, z. B. Akazienhonig
4 Lachsfilets à 125 g
2 TL Kreuzkümmelsamen, zerstoßen
1 EL frischer Dill, gehackt, zum Garnieren

1. Den Backofen auf 190 °C vorheizen. Süßkartoffeln mit einem Spiralschneider, Gemüsehobel oder Sparschäler längs in schmale Streifen schneiden. Die Streifen in einer Schüssel mit der Hälfte des Öls und der Hälfte des Salzes und des Pfeffers vermischen und anschließend auf einem Backblech ausbreiten. Das Blech ganz oben in den vorgeheizten Ofen schieben und 6 Minuten garen. Den Ofen eingeschaltet lassen.

2. Unterdessen die Gurke mit einem Spiralschneider, Gemüsehobel oder Sparschäler in lange, dünne Streifen schneiden. Die Streifen in eine Schüssel geben. Essig und Honig in einer kleinen Schüssel verrühren und die Mischung sorgfältig unter die Gurkenstreifen heben.

3. Die Lachsfilets auf ein Backblech legen, mit dem restlichen Öl bepinseln, mit dem zerstoßenen Kreuzkümmel und dem restlichen Salz und Pfeffer bestreuen und in die mittlere Schiene des Ofens schieben. Die Süßkartoffelstreifen wenden und wieder in die oberste Schiene des Ofens schieben.

4. Alles 10 Minuten backen, bis der Lachs gar ist und die Süßkartoffelstreifen weich sind und goldbraun werden. Falls die Süßkartoffeln noch 1–2 Minuten länger brauchen, den Lachs herausnehmen und beiseitestellen, dabei warm halten.

5. Den Lachs neben den Süßkartoffelstreifen und den angemachten Gurkenstreifen anrichten. Mit dem Dill garnieren.

Pro Portion: 340 kcal | 18,9 g Fett | 1,6 g ges. Fettsäuren | 26,7 g Kohlenhydrate | 7,7 g Zucker | 3,8 g Ballaststoffe | 27,4 g Proteine | 1 g Salz

ROTKOHLSALAT MIT BABA-GHANOUSH-DIP

Auberginen, so lange gegrillt, bis sie schwarz werden, schenken diesem Dip sein herrliches Räucheraroma.

ERGIBT 4 PORTIONEN
VORBEREITUNG: 10 MIN. GARZEIT: 20 MIN.

2 Karotten

350 g Rotkohl, fein geschnitten oder gehobelt

55 g Rosinen

125 g gemischter Salat (Mischung z. B. aus rotem Babymangold, Rote-Bete-Blättern und Feldsalat)

Saft von 1 Orange

½ TL Pfeffer

DIP

3 Auberginen

3 Knoblauchzehen, fein gehackt

2 EL Tahini

3 EL Hanföl

Pfeffer (nach Belieben)

1. Für den Dip den Backofengrill auf höchster Stufe anheizen und den Grillrost herausnehmen. Die Auberginen an beiden Enden mit einer Gabel einstechen und auf einer Grillpfanne in 5 cm Abstand zur Hitzequelle in den Grill schieben. Unter mehrmaligem Wenden 15–20 Minuten grillen, bis sie schwarz werden. Abkühlen lassen.

2. Karotten mit einem Sparschäler in lange, dünne Streifen schneiden und auf einem Teller anrichten. Den Rotkohl dazugeben und mit Rosinen und Salatblättern bestreuen. Mit Orangensaft beträufeln und mit Pfeffer würzen.

3. Auberginen längs halbieren und das weiche Fruchtfleisch mit einem Teelöffel aus der geschwärzten Haut kratzen. Das Fleisch fein hacken und in eine Schüssel geben. Knoblauch, Tahini, Hanföl und nach Belieben Pfeffer dazugeben und gut verrühren. Den Dip in eine Portionsschüssel umfüllen und inmitten der Salatblätter auf den Teller stellen. Den Dip über den Salat gelöffelt genießen.

DETOX-KÖNNER ROTKOHL
Mit seiner satten purpurnen Farbe ist Rotkohl besonders reich an Antioxidanzien – Flavonoide, denen man krebshemmende Wirkung zuschreibt.

Pro Portion: 309 kcal | 8,4 g Fett | 0,9 g ges. Fettsäuren | 43,6 g Kohlenhydrate | 25,6 g Zucker | 13,5 g Ballaststoffe | 7 g Proteine | 0,3 g Salz

LINSENSALAT MIT MEDITERRANEM RÖSTGEMÜSE

Linsen und Vollkorngetreide dürfen in keiner Detox-Kost fehlen. Reich an komplexen Kohlenhydraten, Ballaststoffen, Protein, Vitaminen und Mineralstoffen, bilden sie eine sättigende Basis für jedes Gericht.

ERGIBT 4 PORTIONEN
VORBEREITUNG: 15 MIN. GARZEIT: 30 MIN.

2 kleine rote Paprika, geviertelt
2 Zucchini, in dicken Scheiben
2 rote Zwiebeln, geachtelt
400 g Tomaten, halbiert
300 g Babyauberginen, längs halbiert
3 Zweige frischer Thymian, Blätter abgezupft
2 Knoblauchzehen, fein gehackt
3 EL Olivenöl
225 g Puy-Linsen
25 g frische glatte Petersilie, grob gehackt, zum Garnieren
Pfeffer

DRESSING

3 EL Hanföl
2 EL Balsamico-Essig
Saft von 1 Zitrone

1. Den Backofen auf 200 °C vorheizen. Die Paprika mit der Haut nach oben in eine große Bratform legen. Zucchini, Zwiebeln, Tomaten und Auberginen ringsum verteilen.

2. Mit Thymian und Knoblauch bestreuen. Leicht pfeffern und mit dem Olivenöl beträufeln. Im vorgeheizten Ofen 30 Minuten garen, bis das Gemüse weich und an den Rändern gebräunt ist.

3. Die Linsen in einen Topf mit kochendem Wasser geben und darin 20 Minuten gar köcheln. Unter fließend kaltem Wasser abspülen und abtropfen lassen. In eine Salatschüssel füllen und abkühlen lassen.

4. Für das Dressing Hanföl, Balsamico-Essig und Zitronensaft in ein Schraubglas füllen. Mit Pfeffer würzen, zuschrauben und kräftig schütteln.

5. Das Dressing über die Linsen träufeln und unterheben. Die Paprikastücke häuten und in Streifen schneiden. Mit dem restlichen Gemüse unter die Linsen mischen. Den Gemüsesaft aus der Bratform darübergießen. Mit der Petersilie garnieren und sofort servieren.

VORSICHT MIT SALZ

Ein wesentlicher Schritt in einer Detox-Ernährung ist der sparsame Umgang mit Salz. Lassen Sie den Salzstreuer bei Tisch weg und reduzieren Sie allmählich die Menge an Salz, die Sie beim Kochen verwenden. Greifen Sie stattdessen lieber zu Gewürzen, Kräutern, Knoblauch und Essig.

Pro Portion: 476 kcal | 15 g Fett | 1,8 g ges. Fettsäuren | 57,2 g Kohlenhydrate | 13,6 g Zucker | 12,3 g Ballaststoffe | 17,4 g Proteine | Spuren von Salz

FRISÉESALAT MIT WALNUSSDRESSING

Zum Entgiften reichen manchmal auch so einfache Mahlzeiten wie dieser leichte, knackige Salat mit honiggerösteten Walnüssen.

ERGIBT 4 PORTIONEN
VORBEREITUNG: 10 MIN.
GARZEIT: 5 MIN. PLUS KÜHLEN

½ Friséesalat, in mundgerechten Stücken

1 Romana-Salatherz, in mundgerechten Stücken

DRESSING

55 g Walnusskerne, grob gehackt

3 EL Olivenöl

1 TL flüssiger Honig

1 EL Weißweinessig

1 TL Dijon-Senf

Pfeffer

1. Für das Dressing die Walnüsse mit 1 Esslöffel Öl in eine Pfanne geben und bei mittlerer Temperatur 2–3 Minuten leicht anbraten. Die Pfanne vom Herd nehmen, den Honig darüberträufeln und unterrühren. Die Pfannenhitze ist ausreichend, damit die Mischung leicht karamellisiert.

2. Das restliche Öl einrühren und 15 Minuten abkühlen und ziehen lassen. Essig und Senf in einer Schale verrühren. Leicht mit Pfeffer würzen. In die Walnuss-Öl-Mischung rühren.

3. Frisée- und Romanasalat in einer Salatschüssel mischen. Das Dressing darübergeben und unterheben. Sofort servieren.

WUNDERBARE WALNUSS

Walnüsse enthalten überwiegend mehrfach ungesättigte Fettsäuren. Außerdem sind sie reich an Protein und Ballaststoffen und liefern viele der essenziellen Aminosäuren.

Pro Portion: 224 kcal | 19,7 g Fett | 2,3 g ges. Fettsäuren | 10,8 g Kohlenhydrate | 3,8 g Zucker | 6,3 g Ballaststoffe | 4,9 g Proteine | 0,1 g Salz

GEGRILLTE MAKRELE AUF BLUMENKOHL-COUSCOUS

Herkömmlichen Getreide-Couscous werden Sie nicht mehr vermissen, wenn Sie die Blumenkohl-Variante probiert haben – so wunderbar leicht und lecker ist sie. Die Kräuter und Gewürze runden diesen idealen Begleiter für fetten Fisch raffiniert ab.

ERGIBT 4 PORTIONEN
VORBEREITUNG: 15 MIN. GARZEIT: 6 MIN.

BLUMENKOHL-COUSCOUS

1 Blumenkohl
1 EL natives Olivenöl extra
Zeste und Saft von 1 Bio-Limette
1 roter Chili, entkernt und fein gehackt
4 Frühlingszwiebeln, in Ringe geschnitten
1 Knoblauchzehe, fein gehackt
15 g frische glatte Petersilie, gehackt
10 g frische Minzeblätter, gehackt
½ TL Meersalz
½ TL schwarzer Pfeffer

MAKRELE

4 Makrelenfilets mit Haut à 125 g
1 EL natives Olivenöl extra
1 TL Rauchpaprika
1 Limette, geviertelt

1. Den Blumenkohl in eine große Schüssel reiben (ohne den Strunk) oder in Röschen zerteilen und in der Küchenmaschine wenige Sekunden lang zerkleinern, bis Sie couscousähnliche „Körner“ erhalten. Öl, Limettenzeste und -saft, Chili, Frühlingszwiebeln, Knoblauch, Kräuter, Salz und Pfeffer dazugeben. Sorgfältig vermischen.

2. Ein Grillblech mit Alufolie auslegen und den Backofengrill auf höchster Stufe vorheizen. Die Fischfilets mit einem scharfen Messer auf der Hautseite dreimal diagonal einschneiden und dann mit Öl und Paprika einreiben. Mit der Hautseite nach oben 5 Minuten lang grillen, bis die Haut schön knusprig ist, dann mit dem Pfannenwender drehen und noch 1 Minute garen.

3. Blumenkohl-Couscous auf Teller verteilen und die Makrelenfilets darauf anrichten. Mit Limettenvierteln sofort servieren.

MAGISCHE MAKRELE

Mit rund 2,6 g je 100 g ist Makrele besonders reich an gesunden Omega-3-Fetten – Wissenschaftler empfehlen gern, mindestens 1–2 g Omega-3-Fette täglich zu verzehren.

Pro Portion: 369 kcal | 24,6 g Fett | 5,1 g ges. Fettsäuren | 11,4 g Kohlenhydrate | 3,7 g Zucker | 3,8 g Ballaststoffe | 26,6 g Proteine | 1,1 g Salz

HAUPTGERICHTE

ROHKOST-LASAGNE

Diese köstliche vegane Rohkost-Lasagne besteht aus vielerlei Zutaten, die aber schnell zusammengestellt sind – für eine Dinnerparty ein ideales Gericht.

ERGIBT 2 PORTIONEN
VORBEREITUNG: 1½ STUNDEN GARZEIT: KEINE

225 g Zucchini, längs in dünne Streifen geschnitten
½ EL Olivenöl
2 TL Balsamico-Essig
¼ TL Salz

NUSSSCHICHT

100 g Macadamianusskerne
½ kleine gelbe Paprika, gewürfelt
1 EL Nährhefeflocken
1½ EL Zitronensaft
¼ TL Salz

TOMATENSAUCE

2 EL Tomatenkonzentrat
½ TL Knoblauch, zerdrückt
¼ TL Rauchpaprika
½ TL Salz (nach Belieben)

AVOCADO-PESTO

40 g Pinienkerne
1 große, reife Avocado, grob zerkleinert
1 Handvoll frische Basilikumblätter
1 kleine Knoblauchzehe, zerdrückt
Saft von ½ Limette
¼ TL Salz

2 große Tomaten
30 g Babyspinatblätter, geputzt
je 2 TL Pinienkerne und Basilikumblätter, zum Garnieren

1. Für die erste Schicht die Zucchinistreifen in eine so große Schüssel geben, dass die Streifen nebeneinanderliegen. Die Streifen mit Öl und Essig beträufeln, salzen und darauf achten, dass alle Streifen gleichmäßig bedeckt sind. Bis zu 1 Stunde beiseitestellen, damit die Zucchinistreifen weich werden und das Aroma annehmen können.

2. Für die Nussschicht alle Zutaten im Mixer zu einer geschmeidigen, leichten Paste pürieren.

3. Die Zutaten für die Tomatensauce in einer kleinen Schüssel vermischen, etwa 2 Esslöffel kaltes Wasser zugeben und alles gut durchrühren. Bei Bedarf etwas mehr Wasser zufügen, bis eine zähflüssige Konsistenz entsteht. Nach Belieben salzen.

4. Für die Avocado-Pesto-Schicht die Pinienkerne in der Küchenmaschine oder im Mixer zerkleinern, aber nicht pürieren. Avocado, Basilikum, Knoblauch, Limettensaft und Salz zugeben und zu einer geschmeidigen Masse verarbeiten. Die Tomaten so schneiden, dass außer den Außenscheiben je sechs Scheiben entstehen. Die Außenscheiben anderweitig verwenden.

5. Die beiden Lasagnen direkt auf Tellern aufschichten. Dazu auf jedem Teller ein Viertel der Zucchinistreifen als Rechteck anordnen. Diese jeweils mit einem Viertel der Babyspinatblätter bedecken, dann ein Viertel der Nusspaste darübergeben. Dann folgt ein Viertel der Tomatenscheiben, bedeckt mit einem Viertel des Avocado-Pestos. Pro Portion ein weiteres Viertel der Tomatenscheiben, je ein Viertel der Nusspaste, des Spinats und des Avocado-Pestos aufschichten. Zum Abschluss folgen die restlichen Zucchinistreifen. Pinienkerne in einer beschichteten Pfanne trocken rösten. Die Lasagne mit der Tomatensauce beträufeln und mit gerösteten Pinienkernen und Basilikumblättern garniert servieren.

Pro Portion: 799 kcal | 72,6 g Fett | 9,9 g ges. Fettsäuren | 37,8 g Kohlenhydrate | 14,1 g Zucker | 16,5 g Ballaststoffe | 15,1 g Proteine | 2,3 g Salz

MIESMUSCHELN IN ZITRONENGRASSUD

Das reine, erfrischende Aroma von Zitronengras passt perfekt zu den aromatischen Muscheln in diesem sättigenden Gericht.

ERGIBT 4 PORTIONEN
VORBEREITUNG: 10 MIN. GARZEIT: 20 MIN.

2 Schalotten, gehackt

2 Zitronengrasstängel, die faserigen äußeren Blätter entfernt und flach geklopft

4 dünne Scheiben Thai-Ingwer oder Ingwer

2 Knoblauchzehen, gehackt

1 kleine Tomate, gehackt

300 ml trockener Weißwein

900 g Miesmuscheln, abgebürstet und Bärte entfernt

40 g Butter

2 EL frisch gehackter Koriander

Salz und Pfeffer

1. Schalotten, Zitronengras, Thai-Ingwer, Knoblauch und Tomate in einen großen Wok mit Deckel geben. Den Wein hineingießen, mit Salz und Pfeffer würzen und aufkochen. Die Hitze allmählich reduzieren und alles 5 Minuten köcheln lassen.

2. Alle Muscheln, die eine beschädigte Schale haben oder sich beim Antippen mit einem Messer nicht schließen, wegwerfen. Die restlichen Muscheln in den Wok geben, den Deckel aufsetzen und alles 5 Minuten kochen, bis sich die Muschelschalen geöffnet haben; dabei den Wok gelegentlich rütteln. Alle Muscheln, die sich nicht geöffnet haben, wegwerfen.

3. Die Muscheln in einem Sieb über einer Schüssel abtropfen lassen. Die aufgefangene Flüssigkeit in einen kleinen Wok gießen. Bei niedriger Temperatur einige Minuten köcheln, dann die Butter einrühren und mit Salz und Pfeffer abschmecken.

4. Die Miesmuscheln auf vorgewärmte Suppenschalen verteilen. Den Sud darübergießen, mit dem Koriander bestreuen und sofort servieren.

MUSCHEL-POWER

Muscheln sind arm an gesättigtem Fett, reich an Protein und enthalten zudem einige essenzielle Omega-3-Fette sowie eine Vielfalt an Vitaminen und Mineralstoffen in beachtlichen Mengen. Zudem ist ihr Cholesteringehalt erfreulich gering.

Pro Portion: 142 kcal | 9,8 g Fett | 5,7 g ges. Fettsäuren | 6,5 g Kohlenhydrate | 1,1 g Zucker | 0,6 g Ballaststoffe | 7,6 g Proteine | 1,4 g Salz

KREOLISCHES HUHN MIT PASTINAKENREIS

Kreolische Gerichte enthalten viel Gemüse und sind mit ihrer Vielfalt an Farben und Aromen ein Augen- und Gaumenschmaus. Diese köstliche Variante des kreolischen Huhns ist kalorienarm, dafür reich an wertvollen Nährstoffen.

ERGIBT 4 PORTIONEN
VORBEREITUNG: 15 MIN. GARZEIT: 30 MIN.

2 EL kalt gepresstes Rapsöl

4 kleine Hühnerbrustfilets, jeweils in drei Teile geschnitten

1 große Zwiebel, in Ringe geschnitten

2 Stangensellerie, in feine Scheiben geschnitten

je 1 grüne und gelbe Paprika, entkernt und in feine Streifen geschnitten

2 Knoblauchzehen, zerdrückt

1 TL Rauchpaprika

300 g Tomatenstücke aus der Dose

1 TL Meersalz

1 TL Pfeffer

2 große Pastinaken, in Stücke geschnitten

1 EL Hanfsamen

4 EL frische Korianderblätter, plus 1 Stängel zum Garnieren

1. Die Hälfte des Öls in einer großen Pfanne auf höchster Stufe erhitzen. Das Hühnerfleisch 2 Minuten darin leicht anbräunen. Die Fleischstücke mit einem Pfannenwender herausheben und auf einem Teller beiseitestellen.

2. Zwiebel, Sellerie und Paprikastücke mit der Hälfte des restlichen Öls in die Pfanne geben. Die Hitze auf mittlere Stufe reduzieren und das Gemüse unter häufigem Rühren 10 Minuten braten, bis es weich und bräunlich wird.

3. Knoblauch und Rauchpaprika unterrühren und 30 Sekunden mitgaren. Tomaten und die Hälfte von Salz und Pfeffer zugeben. Das Hühnerfleisch zurück in die Pfanne geben und alles 10 Minuten köcheln lassen.

4. Unterdessen die Pastinakenstücke in der Küchenmaschine auf Reiskorngröße zerkleinern, dann die Hanfsamen und den Rest Salz und Pfeffer untermischen.

5. Restliches Öl in einer Pfanne auf mittlerer Stufe erhitzen. Den Pastinakenreis 2 Minuten unter Rühren braten, dann die Korianderblätter untermischen. Das Fleisch mit dem Gemüse auf dem Pastinakenreis anrichten und mit dem Koriander-stängel garniert servieren.

PRIMA PASTINAKE

Pastinaken sind reich an löslichen Fasern und sollen daher Diabetes und einem zu hohen Cholesterinspiegel entgegenwirken.

Pro Portion: 339 kcal | 12,2 g Fett | 1,3 g ges. Fettsäuren | 25 g Kohlenhydrate | 10,1 g Zucker | 6,6 g Ballaststoffe | 32,2 g Proteine | 1,7 g Salz

QUINOA-PIZZA MIT CASHEWPASTE

Großzügig mit mediterranem Gemüse belegt, punktet diese Pizza auch mit ihrem köstlichen, nussig-proteinreichen Quinoaboden und einer pikanten Cashewpaste als perfektem Finish.

ERGIBT 2 PORTIONEN
VORBEREITUNG: 30 MIN. PLUS EINWEICHEN
GARZEIT: 20 MIN.

CASHEWPASTE

70 g Cashewkerne, über Nacht in Wasser eingeweicht

1 kleine Knoblauchzehe, zerdrückt

1 EL Nährhefeflocken

½ EL Zitronensaft

BELAG

50 g halb getrocknete Tomaten

40 g passierte Tomaten

1 Knoblauchzehe, zerdrückt

½ TL Salz (nach Belieben)

je ½ rote und grüne Paprika, entkernt und in Streifen geschnitten

1 kleine rote Zwiebel, in Sechstel geschnitten

2 TL getrocknete Kräutermischung

5 gegrillte Artischockenherzen in Öl, abgetropft

1 Tomate, grob gehackt

QUINOABODEN

140 g helle Quinoa (ca. 8 Stunden in 500 ml Wasser eingeweicht)

½ TL glutenfreies Backpulver

½ TL Salz

2½ EL Olivenöl, plus 1 TL zum Bepinseln

1. Für die Cashewpaste die Cashewkerne gut abtropfen lassen und zusammen mit dem Knoblauch und 3 Esslöffeln Wasser in der elektrischen Küchenmaschine zu einer geschmeidigen Masse verarbeiten. Nährhefe und Zitronensaft unterrühren und einige Sekunden weiterverarbeiten. Als Pizzabelag muss die Masse zähflüssig, also weniger fest als Hummus sein. Bei Bedarf etwas mehr Wasser zugießen und weiterverarbeiten. Die Paste umfüllen und beiseitestellen.

2. Den Backofen auf 190 °C vorheizen. Ein Backblech mit Backpapier auslegen und das Backpapier mit 1 Teelöffel Öl fetten.

3. Für die Tomatensauce die halb getrockneten Tomaten mit den passierten Tomaten und dem Knoblauch im Mixer pürieren. Nach Belieben Salz dazugeben und ggf. etwas Wasser unterrühren, damit eine streichfähige Masse entsteht.

4. Für den Boden die Quinoa abtropfen lassen und mit Backpulver, Salz, 60 ml Wasser und 2 Esslöffeln Olivenöl im Mixer zu einem dicken, cremigen Teig verarbeiten. Auf das vorbereitete Backblech geben und zu einem runden Boden formen. Im vorgeheizten Backofen 15 Minuten backen, bis die Oberseite goldbraun wird. Vom Blech nehmen und auf einem Kuchengitter abkühlen lassen.

5. Unterdessen Paprika, Zwiebel und Kräutermischung mit dem restlichen Olivenöl vermischen und im vorgeheizten Ofen auf einem Backblech 10–15 Minuten lang rösten, bis das Gemüse weich und bräunlich wird. Aus dem Ofen nehmen und beiseitestellen. Den Pizzaboden mit der Tomatensauce bestreichen, dabei den Rand frei lassen. Paprika, Zwiebel, Artischocken- und Tomatenstücke auf der Pizza verteilen und zum Schluss Kleckse der Cashewpaste daraufsetzen. Für weitere 5 Minuten in den Ofen schieben, bis das Gemüse heiß ist und die Cashewpaste fest wird und eine goldbraune Farbe annimmt.

Pro Portion: 759 kcal | 44 g Fett | 6,8 g ges. Fettsäuren | 76,2 g Kohlenhydrate | 10,7 g Zucker | 14,1 g Ballaststoffe | 21,4 g Proteine | 2,6 g Salz

GEMÜSE-PHO

Diese wunderbare Suppe mit viel Gemüse und Nudeln ergibt ein aromatisches und sättigendes Gericht.

ERGIBT 4 PORTIONEN
VORBEREITUNG: 10 MIN. GARZEIT: 30 MIN.

1,5 l glutenfreie, salzarme Gemüsebrühe

2 EL Tamari

2 Knoblauchzehen, in dünne Scheiben geschnitten

2,5-cm-Stück frischer Ingwer, geschält und in dünne Scheiben geschnitten

1 Zimtstange

1 Lorbeerblatt

1 Karotte, in dünne Stifte geschnitten

1 kleine Fenchelknolle, in dünne Scheiben geschnitten

150 g Reis-Vermicelli

85 g Champignons, in dünne Scheiben geschnitten

115 g Bohnensprossen

4 Frühlingszwiebeln, diagonal in dünne Ringe geschnitten

3 EL frischer Koriander, gehackt

frische Basilikumblätter, fein gehackter roter Chili, Limettenspalten und Tamari, zum Servieren (nach Belieben)

1. Die Gemüsebrühe mit Tamari, Knoblauch, Ingwer, Zimt und Lorbeer in einen großen Topf geben. Kurz aufkochen und zugedeckt auf kleinerer Stufe ca. 20 Minuten köcheln lassen.

2. Karotte und Fenchel dazugeben und 1 Minute weitergaren. Die Vermicelli hinzufügen und weitere 4 Minuten köcheln lassen.

3. Champignons, Bohnensprossen und Frühlingszwiebeln dazugeben und wieder aufkochen.

4. Lorbeer und Zimt herausnehmen, die Suppe in vorgewärmte Suppenschalen schöpfen und mit dem Koriander bestreuen. Nach Belieben mit Basilikumblättern, Chili, Limettenspalten und Tamari servieren.

BRAVO, BOHNENSPROSSEN!

Bohnensprossen sind ideale Schlankmacher, denn sie sind kalorienarm, dafür aber reich an Ballaststoffen. Außerdem enthalten sie viel Vitamin B.

Pro Portion: 205 kcal | 1,6 g Fett | 0,8 g ges. Fettsäuren | 42,3 g Kohlenhydrate | 5,8 g Zucker | 3,7 g Ballaststoffe | 5,8 g Proteine | 3,6 g Salz

PUTE MIT TAMARINDENSAUCE & ZUCCHETTI

Detox-Ernährung heißt nicht, auf würzige Speisen zu verzichten, wie dieses köstliche Thai-Gericht beweist. Mit reichlich Galgant, Knoblauch und Chili enthält es viel Gesundes.

ERGIBT 4 PORTIONEN
VORBEREITUNG: 15 MIN. PLUS RUHEN
GARZEIT: 10 MIN.

500 g Putenbrust, gewürfelt

1½ EL Tamari

3 Zucchini

1½ EL Erdnussöl

85 g kleine Okra

2,5-cm-Stück frischer Galgant oder Ingwer, geschält und gerieben

3 Knoblauchzehen, zerdrückt

1 großer roter Chili, fein gehackt

1 Stängel Zitronengras, weich geklopft

2 EL Reiswein

TAMARINDENSAUCE

1 EL Tamarindenpaste

100 ml glutenfreie Hühnerbrühe

2 EL thailändische Fischsauce

1 EL Palmzucker

1 TL Maismehl

1. Die Putenbrustwürfel in 1 Esslöffel Tamari wenden und 5 Minuten marinieren.

2. Unterdessen in einer kleinen Schüssel die Zutaten zur Tamarindensauce verrühren. Zucchini mit einem Spiralschneider, Gemüsehobel oder Sparschäler in dünne Streifen schneiden.

3. Die Hälfte des Öls in einer großen Pfanne auf mittlerer Stufe erhitzen. Die marinierten Putenstücke zugeben und 3 Minuten bzw. so lange unter Rühren braten, bis das Fleisch durchgegart ist. Die Fleischstücke mit dem Pfannenwender herausheben und abgedeckt warm stellen. Die Hitze auf mittlere Stufe reduzieren.

4. Okra zusammen mit dem restlichen Öl in die Pfanne geben und 2 Minuten braten, dabei ab und zu umrühren. Galgant, Knoblauch, Chili, Zitronengras, Reiswein und restliches Tamari zugeben und 2 Minuten unter Rühren weiterbraten. Die Putenstücke wieder in die Pfanne geben und die Tamarindensauce dazugeben. Gut verrühren und 3 Minuten köcheln. Falls die Sauce zu dick wird, etwas Wasser oder Hühnerbrühe zugießen.

5. Während die Sauce köchelt, die Zucchinistreifen 30 Sekunden über kochendem Wasser dämpfen, damit sie warm und weich werden. Das Zitronengras aus der Sauce nehmen und das Fleischgericht mit den Zucchetti als Beilage servieren.

Pro Portion: 270 kcal | 8 g Fett | 1,4 g ges. Fettsäuren | 15,4 g Kohlenhydrate | 7,7 g Zucker | 2,3 g Ballaststoffe | 32,2 g Proteine | 1,5 g Salz

GEGRILLTE BLUMENKOHLSTEAKS MIT GRÜNKOHLSALAT

Haben Sie Blumenkohl erst einmal als Steak probiert, werden Sie ihn gar nicht mehr anders genießen wollen. Diese Variante ist wirklich köstlich, vor allem in Begleitung dieses vitaminreichen Grünkohlsalats.

ERGIBT 4 PORTIONEN
VORBEREITUNG: 20 MIN. PLUS RUHEN
GARZEIT: 15 MIN.

GRÜNKOHLSALAT

125 zarte Grünkohlblätter, zerzupft
2 Karotten, gerieben
1 kleine rote Zwiebel, in dünne Scheiben geschnitten
1 EL kalt gepresstes Rapsöl
1 TL Dijon-Senf
½ EL Apfelessig
2 TL Ahornsirup
Meersalz und Pfeffer (nach Belieben)
1 EL Kürbiskerne
1 EL Sonnenblumenkerne

BLUMENKOHLSTEAKS

2 Blumenkohlköpfe
3 EL kalt gepresstes Rapsöl
Saft von ½ Limette
1 TL süßer Paprika
1 große Knoblauchzehe, zerdrückt
½ TL Meersalz
½ TL Pfeffer

1. Grünkohl, Karotten und Zwiebel in einer Salatschüssel vermischen. In einer kleinen Schüssel Öl, Senf, Essig, Ahornsirup sowie nach Belieben Salz und Pfeffer verrühren und über den Grünkohl geben. Zugedeckt bis zu 1 Stunde ruhen lassen. Vor dem Servieren mit Kürbis- und Sonnenblumenkernen bestreuen.

2. Den Backofengrill auf mittlerer Stufe vorheizen. Unterdessen die Blumenkohlköpfe von den Blättern befreien und den Strunk so abschneiden, dass der Blumenkohl stabil auf dem Schneidbrett ruht. Den ersten Blumenkohl mit einem sehr scharfen Messer ca. 5 cm weit längs einschneiden. Die abfallenden Röschen entfernen und auf der anderen Seite ebenso verfahren, sodass das feste Mittelstück des Blumenkohls übrig bleibt. Nun den Blumenkohl samt Strunk längs in etwa 2–2,5 cm dicke „Steaks“ zerschneiden. Pro Blumenkohl sollten Sie so je zwei Steaks erhalten.

3. Ein großes Grillblech mit Alufolie abdecken und die Steaks darauflegen. Öl, Limettensaft, Paprika, Knoblauch, Salz und Pfeffer in einer kleinen Schüssel verrühren und die Steaks rundherum mit der Mischung einpinseln. Die Steaks mit einem Abstand von etwa 5 cm zu den Grillstäben 8 Minuten grillen, bis sie leicht gebräunt sind.

4. Die Steaks mit einem großen Metallspachtel behutsam wenden und mit der restlichen Ölmischung und gegebenenfalls ausgetretenem Saft abermals bepinseln. Weitere 6 Minuten grillen, bis die Steaks gut gebräunt und laut Garprobe mit einem spitzen Messer gerade weich genug sind. Sofort mit dem Grünkohlsalat servieren.

Pro Portion: 296 kcal | 21,1 g Fett | 1,9 g ges. Fettsäuren | 24,5 g Kohlenhydrate | 10,1 g Zucker | 8,1 g Ballaststoffe | 8,1 g Proteine | 1 g Salz

TOFU MIT MISOGLASUR AUF GRÜNEM GEMÜSESALAT

Dieser verlockende Salat mit glasiertem Tofu und nährstoffreichem grünem Gemüse bringt frische Aromen aus fernen Ländern auf den Tisch. Ideal für ein appetitanregendes vegetarisches Essen mit Freunden.

ERGIBT 4 PORTIONEN
VORBEREITUNG: 15 MIN. GARZEIT: 10 MIN.

400 g fester Tofu, abgetropft und in 1 cm dicke Scheiben geschnitten

1 EL Sesamsaat

85 g Zuckererbsen, in feine Streifen geschnitten

115 g Bohnensprossen

150 g grüner Spargel, in lange, dünne Streifen geschnitten

1 Zucchini, in Stifte geschnitten

1 Romana-Salatherz, in Streifen geschnitten

25 g frischer Koriander, grob gehackt

85 g gemischte Sprossen, z. B. Alfalfa- und Radieschensprossen

GLASUR

3 EL Reisweinessig

2 EL Sojasauce

3 EL Sonnenblumenöl

1 EL helles Miso

2 Knoblauchzehen, fein gehackt

1. Für die Glasur Essig, Sojasauce, Öl, Miso und Knoblauch in ein Schraubglas füllen und mit Deckel kräftig schütteln.

2. Den Backofengrill vorheizen. Ein Backblech mit Alufolie belegen. Die Tofuscheiben darauf verteilen und mit einer Messerspitze rautenförmig einritzen. Mit dem Sesam bestreuen. Mit der Hälfte der Glasur beträufeln und 8–10 Minuten unter einmaligem Wenden grillen, bis der Tofu goldbraun ist.

3. Zuckererbsen, Sprossen, Spargel, Zucchini und Salat auf eine Servierplatte geben. Die restliche Misomischung darüberträufeln und vorsichtig unterrühren. Mit Koriander und Sprossen bestreuen. Die heißen Tofuscheiben darauf anrichten. Die Glasur vom Backblech darübergießen und den Salat sofort servieren.

MUNTER MIT MISO

Miso soll gut für die Verdauung sein, da es die nützlichen probiotischen Bakterien im Körper unterstützt und für eine bessere Verwertung gesunder Nährstoffe sorgt.

Pro Portion: 316 kcal | 20,9 g Fett | 2,5 g ges. Fettsäuren | 16 g Kohlenhydrate | 6,3 g Zucker | 6,2 g Ballaststoffe | 22 g Proteine | 1,4 g Salz

CURRY VOM SEETEUFEL & LILA BROKKOLI

Fisch, Kokos und pikante Gewürze sind einfach füreinander bestimmt. Das erkennen Sie spätestens, wenn Sie dieses schnell und einfach zubereitete Curry probieren.

ERGIBT 4 PORTIONEN
VORBEREITUNG: 15 MIN. GARZEIT: 20 MIN.

1 große Zwiebel, gehackt
2 TL Fischsauce
Saft von ½ Limette
2 rote Chilis, 1 entstielt und 1 in Ringe geschnitten
1 grüner Chili, entstielt
2 TL Koriandersamen, zerstoßen
2 TL Kreuzkümmelsamen, zerstoßen
2,5-cm-Stück frischer Ingwer, gehackt
3 Knoblauchzehen, grob gehackt
½ Stängel Zitronengras
1½ EL Erdnussöl
5 Curryblätter
300 ml Vollfettkokosmilch
350 g lila Brokkoli, jedes Röschen halbiert
500 g Seeteufelfilet, in mundgerechte Stücke geschnitten

1. Zwiebel, Fischsauce, Limettensaft, entstielte Chilis, Koriander, Kreuzkümmel, Ingwer, Knoblauch, Zitronengras und die Hälfte des Öls im Mixer oder in der Küchenmaschine zu einer Paste verarbeiten. Die Mischung in eine Pfanne geben und auf mittlerer Stufe 2 Minuten lang garen. Curryblätter und Kokosmilch einrühren und weitere 10 Minuten köcheln lassen.

2. Unterdessen das restliche Öl in einer anderen Pfanne auf höchster Stufe erhitzen. Brokkoli unter Rühren 2 Minuten lang braten, bis dieser gerade weich wird. Beiseitestellen.

3. Gewürfelten Seeteufel in die Currypfanne geben und kurz aufkochen. 2 Minuten garen, dann die Brokkoliröschen zugeben und 1 weitere Minute köcheln lassen. Das Curry mit Chiliringen bestreut servieren.

BROKKOLI IN BESTFORM

Lila Brokkoli ist nicht nur reich an Vitamin C, Eisen und Ballaststoffen, sondern zeichnet sich auch durch seinen hohen Gehalt an dem Pflanzenstoff Sulforaphan aus, der vor Krebs schützen soll.

Pro Portion: 346 kcal | 21,5 g Fett | 12,8 g ges. Fettsäuren | 17,3 g Kohlenhydrate | 6,8 g Zucker | 4 g Ballaststoffe | 22,8 g Proteine | 0,2 g Salz

POWERSALAT MIT ERBSEN & BUCHWEIZENGRÜTZE

Keimlinge, Sprossen und Hülsenfrüchte sind zu jeder Jahreszeit wertvolle Zutaten zu einem gesunden Salat, während Buchweizengrütze Ballaststoffe und ihr herrlich nussiges Aroma beisteuert.

ERGIBT 4 PORTIONEN
VORBEREITUNG: 10 MIN. PLUS KÜHLEN
GARZEIT: 20 MIN.

4 Karotten, längs geviertelt

2½ EL kalt gepresstes Rapsöl

1½ EL Ahornsirup

100 g fertig geröstete Buchweizengrütze

100 g gemischte Sprossen, z. B. von Adzukibohnen, Alfalfa, Rettich und Linsen

½ Gurke, gewürfelt

2 Stangensellerie, in Stücke geschnitten

1 roter Apfel, gewürfelt

4 Frühlingszwiebeln, in Ringe geschnitten

60 g junge Erbsen, gekocht

Saft von 1 Orange

Saft von ½ Zitrone

½ TL Meersalz

½ TL Pfeffer

30 g Erbsensprossen

1. Den Backofen auf 190 °C vorheizen.

2. Karotten mit je ½ Teelöffel Öl und Ahornsirup mischen. 20 Minuten im vorgeheizten Backofen rösten, bis sie goldbraun und gerade weich werden. Abkühlen lassen.

3. Unterdessen in einem Topf 175 ml Wasser zum Kochen bringen und die Buchweizengrütze einrühren. Aufkochen und bei niedriger Temperatur zugedeckt 10 Minuten köcheln lassen, bis die Grütze gar ist. Den Topf zugedeckt einige Minuten auf der ausgeschalteten Herdplatte stehen lassen, dann die Grütze in eine Schüssel umfüllen und abkühlen lassen.

4. Die abgekühlte Buchweizengrütze mit Sprossen, Gurke, Sellerie, Apfel, Frühlingszwiebeln und Erbsen vermischen.

5. Restliches Rapsöl und Ahornsirup mit Orangen- und Zitronensaft, Salz und Pfeffer in einer kleinen Schüssel verrühren. Das Dressing unter die Buchweizenmischung rühren. Mit gerösteten Karotten und Erbsensprossen belegen und in Portionsschüsseln servieren.

SUPERSPROSSEN

Keimlinge und Sprossen enthalten verdauungsfördernde Enzyme – die meisten sind reich an Antioxidanzien und außerdem großartige Vitamin-C-Lieferanten.

Pro Portion: 300 kcal | 10,1 g Fett | 0,8 g ges. Fettsäuren | 49,3 g Kohlenhydrate | 15,8 g Zucker | 10,5 g Ballaststoffe | 9 g Proteine | 0,9 g Salz

BLUMENKOHL-LIMABOHNEN-EINTOPF

Dieser herzhafte und farbenfrohe Eintopf benötigt keinerlei zusätzliche Kohlenhydrate, denn in den Limabohnen steckt eine bestens ausgewogene Mischung aus Protein und Stärke.

ERGIBT 4 PORTIONEN
VORBEREITUNG: 10 MIN. GARZEIT: 35 MIN.

2 EL Olivenöl
2 große rote Zwiebeln, in Ringe geschnitten
2 Karotten, in 2 cm lange Stücke geschnitten
2 Stangensellerie, in 2 cm lange Stücke geschnitten
3 Knoblauchzehen, zerdrückt
400 g Flaschentomaten in Saft aus der Dose
250 ml glutenfreie Gemüsebrühe
1 EL sonnengetrocknetes Tomatenpüree
½ EL getrocknete Kräutermischung
½ TL Pfeffer
Salz (nach Belieben)
800 g Limabohnen aus der Dose, abgespült und abgetropft
1 Blumenkohl, in Röschen zerteilt
1 TL Paprikapulver edelsüß

1. Öl in einem großen Topf auf mittlerer Stufe erhitzen. Zwiebeln, Karotten und Sellerie 5 Minuten unter gelegentlichem Rühren darin braten, bis das Gemüse Farbe annimmt. Knoblauch zugeben und 1 Minute weitergaren.

2. Tomaten mit dem Saft aus der Dose zugeben, dabei ganze Tomaten mit dem Kochlöffel grob zerkleinern. Gemüsebrühe, Tomatenpüree, Kräuter, Pfeffer und Salz nach Belieben hinzufügen. Kurz aufkochen, dann die Hitze reduzieren und den Topf zudecken. 20 Minuten köcheln, bis das Gemüse weich ist.

3. Limabohnen einrühren und 5 Minuten weitergaren. Blumenkohlröschen in den Eintopf geben, den Deckel wieder auflegen und weitere 5 Minuten köcheln lassen. Die Garprobe mit einem spitzen Messer sollte zeigen, dass die Blumenkohlstiele gerade weich sein.

4. Den Eintopf mit Paprika überstäuben und sofort servieren.

RAN AN DEN ROMANESCO

Für diesen Eintopf können Sie auch Romanesco statt Blumenkohl nehmen. Romanesco ist eine hübsche, blassgrüne Kohlsorte, die eng mit Brokkoli und Blumenkohl verwandt ist und einen ähnlichen Nährwert aufweist.

Pro Portion: 301 kcal | 9,8 g Fett | 1,6 g ges. Fettsäuren | 39,2 g Kohlenhydrate | 11,3 g Zucker | 12,9 g Ballaststoffe | 13 g Proteine | 0,8 g Salz

GADO-GADO-SALAT

Wenn man rohen Blumenkohl und Brokkoli mit knackigen Bohnensprossen und Gurke mischt und das Ganze mit einer indonesischen Erdnusssauce überzieht, entsteht aus ganz gewöhnlichen Zutaten etwas exotisch Besonderes.

ERGIBT 4 PORTIONEN
VORBEREITUNG: 10 MIN.
GARZEIT: 5 MIN. PLUS KÜHLEN

250 g Blumenkohl, in kleinen Röschen

115 g Brokkoli, in kleinen Röschen

115 g Wirsing, in feinen Streifen

150 g Bohnensprossen

300 g Salatgurke, geschält, längs halbiert, entkernt und in dicken Scheiben

1 rote Paprika, in kleinen Stücken

ERDNUSSSAUCE

2 EL Erdnussöl

85 g ungesalzene Erdnüsse, fein gehackt

2 Knoblauchzehen, fein gehackt

2 EL Sojasauce

Saft von 2 Limetten

½ roter Chili, entkernt und fein gehackt

1. Blumenkohl, Brokkoli, Wirsing, Sprossen, Gurke und Paprika in einer Salatschüssel mischen.

2. Für die Erdnusssauce 1 Esslöffel Öl in einer Pfanne erhitzen. Erdnüsse und Knoblauch darin bei mittlerer Temperatur 2–3 Minuten unter Rühren anbraten. Die Pfanne vom Herd nehmen und Sojasauce, Limettensaft, Chili und restliches Öl unterrühren. Abkühlen lassen.

3. Vor dem Servieren die Sauce über den Salat geben und unterheben. Auf vier Portionsschalen verteilen und servieren.

SEGENSREICHE BOHNENSPROSSEN

Bohnensprossen sind kalorienarm und bieten sich in Salaten als wertvoller Ersatz für Reis oder Nudeln an.

Pro Portion: 259 kcal | 17,8 g Fett | 2,6 g ges. Fettsäuren | 20,4 g Kohlenhydrate | 8,2 g Zucker | 6,6 g Ballaststoffe | 10,8 g Proteine | 1,2 g Salz

FENCHEL-ARTISCHOCKEN-SALAT MIT KÜMMELDRESSING

Ein aromatischer warmer Salat, der gut sättigt, denn so kalorienarm dieses Gericht auch ist, hält sein hoher Gehalt an Ballaststoffen den Hunger gut in Schach.

ERGIBT 4 PORTIONEN
VORBEREITUNG: 10 MIN. GARZEIT: 25 MIN.

2 große Fenchelknollen

1 große rote Paprika, in 12 Streifen geschnitten

280 g Artischockenherzen in Olivenöl, abgetropft (2 EL Öl zurückbehalten)

½ TL Meersalz

½ TL Pfeffer

1 EL Weißweinessig

½ EL Kümmelsamen, leicht zerstoßen

1 TL flüssiger Honig

1 TL Paprikapulver edelsüß

1. Die Fenchelknollen putzen, dabei die Blättchen zurückbehalten. Den Fenchel quer in dicke Scheiben schneiden. Den Ofen auf 190 °C vorheizen.

2. Fenchelscheiben und Paprikastreifen mit ½ Esslöffel des zurückbehaltenen Artischockenöls einpinseln. Mit einer Prise Meersalz und Pfeffer würzen und im vorgeheizten Ofen 25 Minuten rösten, bis das Gemüse bräunlich wird (möglicherweise muss die Paprika vor dem Fenchel herausgenommen werden). Nach der halben Garzeit wenden.

3. Unterdessen für das Dressing die restlichen 1½ Esslöffel Artischockenöl mit Weißweinessig, Kümmel, Honig, der Hälfte des Paprikapulvers und dem restlichen Salz und Pfeffer verrühren. Ganze Artischockenherzen halbieren.

4. Fenchel und Paprikastreifen mit den Artischocken auf Tellern anrichten. Mit dem Dressing beträufeln und mit Fenchelblättern und restlichem Paprikapulver garniert servieren.

FANTASTISCHER FENCHEL

Fenchel enthält diverse wertvolle Pflanzenstoffe, unter anderem Rutin, Quercetin und Kaempferol, die stark antioxidativ wirken, sowie das entzündungshemmende Anethol.

Pro Portion: 128 kcal | 5,5 g Fett | 1,1 g ges. Fettsäuren | 20,9 g Kohlenhydrate | 8,8 g Zucker | 9,1 g Ballaststoffe | 3,3 g Proteine | 1,6 g Salz

DESSERTS & SNACKS

GEDÜNSTETER RHABARBER MIT ESSBAREN BLÜTEN

Dieses hübsch anzusehende Rhabarberdessert kommt ganz ohne Zucker aus, denn die Holunderblüten steuern genügend Süße bei.

ERGIBT 4 PORTIONEN
VORBEREITUNG: 10 MIN. GARZEIT: 6 MIN.

500 g zarter roter Rhabarber

Saft von ½ Zitrone

1½ EL Akazienhonig oder eine andere milde Sorte

Blüten von 3 Holunderrispen, gewaschen

2 EL essbare Blüten, z. B. Holunder, Lavendel und Veilchen oder rosa Rosenblätter, zum Garnieren

1. Rhabarberstängel in 7 cm lange Stücke schneiden und nebeneinander in einer großen Pfanne mit Deckel auslegen.

2. Zitronensaft, Honig, 100 ml heißes Wasser und die Blüten der drei Holunderrispen in einer großen, hitzebeständigen Schüssel vermischen. Den Rhabarber mit der Mischung übergießen und auf mittlerer Stufe kurz aufkochen. Deckel auflegen und 3 Minuten leise köcheln lassen, dann die Rhabarberstücke wenden und weitere 2 Minuten, bis die Garprobe mit einem spitzen Messer zeigt, dass der Rhabarber gerade weich ist. Rhabarber mit dem Schaumlöffel in Portionsschälchen heben.

3. Den Sud zu einer dicklichen Konsistenz einkochen und durch ein Haarsieb geben, um die Holunderblüten zurückzuhalten. Den Sirup über die Rhabarberstücke geben und vor dem Servieren mit Holunder-, Lavendel- oder Veilchenblüten bzw. Rosenblättern garnieren.

RHABARBERRATGEBER

Rhabarber ist äußerst kalorienarm und bekanntermaßen sehr verdauungsfördernd. Außerdem enthält er viel Kalzium und Vitamin C.

Pro Portion: 50 kcal | 0,2 g Fett | 0,1 g ges. Fettsäuren | 12 g Kohlenhydrate | 7,2 g Zucker | 2,5 g Ballaststoffe | 1,2 g Proteine | Spuren von Salz

KAKAO-AVOCADO-MOUSSE MIT CHILI & ZIMTBEEREN

Hier ist ein ungewöhnliches Dessert, das Sie garantiert guten Gewissens genießen können – es steckt voller gesunder Zutaten und ist mit Agavendicksaft statt mit Zucker gesüßt.

ERGIBT 4 PORTIONEN
VORBEREITUNG: 15 MIN. PLUS KÜHLEN
GARZEIT: KEINE

- 2 reife Avocado, halbiert und entsteint
- 60 g Kakaopulver
- 4 EL Agavendicksaft
- Mark von ½ Vanillestange
- ½ TL Chilipulver
- 50 ml Vollfettkokosmilch
- 40 g wilde bzw. kleine Erdbeeren
- 40 g frische Himbeeren
- ½ TL gemahlener Zimt

1. Avocadofleisch in eine große Schüssel geben und mit einer Gabel leicht zerquetschen. Kakaopulver, Agavendicksaft, Vanillemark und Chilipulver unterrühren. Mit dem Pürierstab zu einer dicken, geschmeidigen Creme verarbeiten. Die Kokosmilch zugeben und unterrühren.

2. Die Avocadomischung in Ramequin-Förmchen oder kleine Stielgläser füllen. Mit Frischhaltefolie zudecken und mindestens 4 Stunden kalt stellen.

3. Die Avocado-Mousse gleichmäßig mit den Beeren garnieren und mit Zimt überstäuben. Sofort servieren.

KAKAOKUNDE

Kakao ist reich an Antioxidanzien wie Flavonoide und Catechine. Tatsächlich weist er einen noch höheren Gehalt an Antioxidanzien auf als grüner und schwarzer Tee und steckt darüber hinaus voller Ballaststoffe.

Pro Portion: 249 kcal | 15,8 g Fett | 5,1 g ges. Fettsäuren | 32,9 g Kohlenhydrate | 17 g Zucker | 11,7 g Ballaststoffe | 4,9 g Proteine | Spuren von Salz

MELONEN-GURKEN-KALTSCHALE

Anders als Wintersuppen, die von innen wärmen sollen, kühlt diese Suppe und ist deshalb perfekt für einen heißen Sommertag.

ERGIBT 1 PORTION
VORBEREITUNG: 10 MIN. GARZEIT: KEINE

300 g Zuckermelonenfruchtfleisch
250 g Salatgurke
4 EL frisch gehackte Minze, plus etwas zum Garnieren
200 ml kaltes Kokoswasser

1. Melone und Gurke hacken und in einen Mixer geben.

2. Minze und Kokoswasser zugeben und alles glatt mixen.

3. Sofort servieren oder im Kühlschrank kalt stellen. Vor dem Servieren nochmals umrühren und mit Minze garnieren.

MEINE LIEBSTE MELONE

Eine Melone besteht zu 92 Prozent aus Wasser, was die Nieren in Schwung hält. Alle Melonenarten sind reich an Vitamin B6, Kalium und löslichen Fasern.

Pro Portion: 194 kcal | 1,3 g Fett | 0,5 g ges. Fettsäuren | 44 g Kohlenhydrate | 33,8 g Zucker | 7,4 g Ballaststoffe | 5,4 g Proteine | 0,6 g Salz

EISCREME MIT KOKOSMILCH, ERDBEEREN & HONIG

Fast jeder mag Eiscreme, aber meist enthält sie Unmengen an Zucker. Diese Variante besteht aus drei gesunden Zutaten.

ERGIBT 6 PORTIONEN
VORBEREITUNG: 25 MIN.
EINFRIEREN: 6 STUNDEN

450 g Erdbeeren, geputzt und halbiert
400 ml Kokosmilch aus der Dose
85 g flüssiger Honig
gehackte Haselnüsse, zum Servieren (nach Belieben)

1. Die Erdbeeren zunächst in einer Küchenmaschine pürieren, dann durch ein Sieb in eine Rührschüssel streichen, um die kleinen Kerne zu entfernen.

2. Kokosmilch und Honig mit dem Erdbeerpüree verrühren.

3. Die Mischung in eine flache, große Auflaufform füllen, mit Frischhaltefolie abdecken und 2 Stunden ins Gefrierfach stellen, bis die Mischung fest ist.

4. Die Mischung wieder in die Küchenmaschine geben und mit der Pulsfunktion erneut pürieren, um die Eiskristalle aufzubrechen. In einen Kunststoffbehälter oder eine mit Backpapier ausgelegte Backform (900 ml Inhalt) füllen. Den Deckel auflegen oder das Papier darüberschlagen. Wieder ins Gefrierfach stellen und 3–4 Stunden fest werden lassen, bis die Eiscreme herausgelöffelt werden kann.

5. Sofort servieren oder bis kurz vor dem Verzehr im Gefrierfach lassen. 15 Minuten bei Zimmertemperatur antauen lassen, dann auf Schalen verteilen und mit gehackten Haselnüssen bestreut servieren.

SOMMER, SONNE, ERDBEEREN!

In Erdbeeren enthaltener Fruchtzucker wird langsamer aufgenommen als Raffinadezucker. Außerdem sind Erdbeeren eine ausgezeichnete Quelle für Vitamin C, Mangan und Ballaststoffe.

Pro Portion: 198 kcal | 14,4 g Fett | 12,6 g ges. Fettsäuren | 19,3 g Kohlenhydrate | 16,9 g Zucker | 1,5 g Ballaststoffe | 1,9 g Proteine | Spuren von Salz

TAHINI-KARAMELL-KONFEKT

Aus Kernen, Kakao und Trockenfrüchten entsteht ein wahrhaft köstliches Konfekt, das gesund ist und sich großartig als Dessert oder Snack eignet.

ERGIBT 16 STÜCKE
VORBEREITUNG: 20 MIN. PLUS EINWEICHEN/KÜHLEN GARZEIT: KEINE

BODEN

40 g halb getrocknete Äpfel
200 g Medjul-Datteln ohne Stein
100 g Mandeln
1 TL Kokosöl
½ TL Meersalz

KARAMELL

100 g unbehandelte Cashewkerne
115 g Medjul-Datteln ohne Stein
4 EL Kokosöl
2 EL helle Tahini
3 EL Ahornsirup

SCHOKOGLASUR

4 EL Kokosöl
4 EL Ahornsirup
2 TL Dattelsirup
4 EL Rohkakaopulver
½ TL Vanillemark

1. Eine Kastenform von 15 cm x 15 cm Größe mit Backpapier auslegen und darauf achten, dass das Papier 5 cm übersteht.

2. Für den Boden die Apfelstücke 5 Minuten in Wasser einweichen. Abtropfen lassen und zusammen mit den übrigen Zutaten für den Boden in die Küchenmaschine geben. So lange verarbeiten, bis Datteln und Mandeln fein zerkleinert sind und eine leicht klebrige Masse entsteht. Die Mischung in die Kastenform geben und gleichmäßig über den Boden verteilen. Im Gefrierfach 15 Minuten lang fest werden lassen.

3. Für den Karamell Cashews und Datteln in der Küchenmaschine zu einer einigermaßen geschmeidigen Masse verarbeiten. Öl, Tahini und Ahornsirup zugeben und weiterverarbeiten. Falls nötig, 1–2 Esslöffel Wasser zugeben, um eine zähflüssige Masse zu erhalten. Den Karamell auf dem Boden in der Backform verteilen und 1 Stunde ins Gefrierfach zurückstellen.

4. Für die Schokoglasur Öl und Sirupe in einem kleinen Topf auf mittlerer Stufe erhitzen. Kakaopulver und Vanillemark einrühren. Weiterrühren, bis eine glänzende Sauce entsteht. Diese über den kalten Karamell gießen und die Form mindestens 1 Stunde, bis die Glasur fest ist, ins Gefrierfach zurückstellen.

5. Die erkaltete Masse mithilfe des überstehenden Backpapiers aus der Form heben und auf ein Schneidbrett legen. Mit einem scharfen Messer in 16 Quadrate schneiden. Das Konfekt bis zu 7 Tage in einem luftdicht verschlossenen Behälter im Kühlschrank aufbewahren.

Pro Stück: 232 kcal | 14 g Fett | 7,1 g ges. Fettsäuren | 27,7 g Kohlenhydrate | 21,4 g Zucker | 3,3 g Ballaststoffe | 3,5 g Proteine | 0,1 g Salz

KOKOS-HASELNUSS-TRÜFFEL

Diese kleinen Kraftpakete bestehen aus einem nahrhaften Mix an Mikronährstoffen, Vitaminen, Proteinen und rohen Zutaten.

ERGIBT 20 TRÜFFEL
VORBEREITUNG: 25 MIN. GARZEIT: KEINE

85 g ungeschälte Haselnusskerne

55 g Kakaosplitter, plus 1 EL mehr zum Garnieren

6 weiche getrocknete Feigen, grob gehackt

25 g Kokosraspel, plus 2 EL mehr zum Garnieren

1 EL Ahornsirup

fein abgeriebene Schale und Saft von ½ kleinen Bio-Orange

1. Haselnüsse und Kakaosplitter in eine Küchenmaschine geben und sehr fein hacken.

2. Feigen, Kokosraspel, Ahornsirup, Orangenschale und Orangensaft zugeben und weitermixen, bis die Mischung sich zu einer Kugel formt.

3. Die Mischung aus der Küchenmaschine heben und in 20 gleich große Portionen aufteilen. Jede mit der Hand zu einer Trüffel rollen.

4. Auf Backpapier oder auf einem großen Teller den zusätzlichen Esslöffel Kakaosplitter fein hacken und mit den zusätzlichen Kokosraspeln vermischen. Die Trüffel nacheinander in der Kakao-Kokosnuss-Mischung rollen und in einen Kunststoffbehälter geben. Im Kühlschrank bis zu 3 Tage aufbewahren.

KAKAOSPLITTER

Kakaopulver wird aus gerösteten Kakaobohnen hergestellt. Splitter hingegen werden aus der geschälten und zerkleinerten rohen Kakaobohne gewonnen und enthalten mehr Mineralien und Antioxidanzien.

Pro Trüffel: 79 kcal | 5,5 g Fett | 2,4 g ges. Fettsäuren | 6,3 g Kohlenhydrate | 4,8 g Zucker | 1,7 g Ballaststoffe | 1,4 g Proteine | Spuren von Salz

SCHOKO-KIRSCH-HAPPEN

Diese kleinen, mit Kirschen gefüllten Leckerbissen sind schnell und einfach zubereitet – sie kommen ohne Zuckerzugabe aus, enthalten gesunden Kakao und sind ein ideales Mitbringsel!

ERGIBT 35 STÜCKE
VORBEREITUNG: 10 MIN. PLUS KÜHLEN
GARZEIT: KEINE

100 g ungesüßtes Mandelmus
5 EL Kokosöl
65 g Rohkakaopulver
6 EL flüssiger Honig
½ TL Meersalz
Mark von ½ Vanillestange
65 g getrocknete Kirschen

1. Mandelcreme und Kokosöl in der Küchenmaschine kurz verrühren. Kakaopulver zugeben und weiterverarbeiten.

2. Honig, Salz und Vanillemark mit verarbeiten. Die getrockneten Kirschen zugeben, aber nicht weiterpürieren.

3. Eine kleine Kastenform von ca. 13 cm x 10 cm Größe mit Backpapier auslegen, dabei das Papier etwa 5 cm überstehen lassen. Die Masse in die Form umfüllen und glatt streichen. Etwa 1 Stunde im Gefrierfach fest werden lassen.

4. Die abgekühlte Masse mithilfe des überstehenden Backpapiers aus der Form auf ein Schneidbrett heben. Mit einem scharfen Messer längs in fünf Streifen, dann jeden Streifen in sieben Quadrate schneiden. Sofort servieren oder in einem luftdicht verschließbaren Behälter kühl aufbewahren.

ABWECHSLUNG GEFÄLLIG?
Wandeln Sie das Rezept ab, indem Sie statt Mandelmus Cashewmus und anstelle der Kirschen gehackte Goldbeeren verwenden.

Pro Stück: 55 kcal | 3,8 g Fett | 1,9 g ges. Fettsäuren | 5,9 g Kohlenhydrate | 3,9 g Zucker | 1,1 g Ballaststoffe | 1 g Proteine | Spuren von Salz

KOKOS-DATTEL-ECKEN

Diese knsuprigen Ecken bestehen aus vielen naturbelassenen Zutaten, die Sie den ganzen Nachmittag aufnahmefähig halten.

ERGIBT 12 ECKEN
VORBEREITUNG: 15 MIN. PLUS KÜHLEN
GARZEIT: KEINE

400 g Datteln, halbiert und entsteint
60 g ungeschälte Mandelkerne
60 g Cashewkerne, gehackt
35 g Chiasamen
2 EL Macapulver
2 TL Vanilleextrakt
20 g Kokosraspel
55 g Haselnusskerne, grob gehackt
25 g Pekannusskerne, in Hälften gebrochen

1. Datteln, Mandeln und Cashewstücke in eine Küchenmaschine geben und fein hacken.

2. Chiasamen, Macapulver und Vanilleextrakt zufügen und weitermixen, bis die Mischung sich zu einer Kugel formt.

3. Zwei Lagen Backpapier vorbereiten. Eine auf die Arbeitsfläche legen und mit der Hälfte der Kokosraspel bestreuen. Die Teigkugel darauflegen, dann mit den Fingerspitzen zu einem Rechteck drücken. Mit der zweiten Lage Backpapier abdecken und zu einem 20 cm breiten und 30 cm langen Rechteck ausrollen. Das obere Backpapier abnehmen und die Dattelmasse mit Haselnüssen, Pekannüssen und restlichen Kokosraspeln bestreuen. Dann wieder abdecken und mit einer Teigrolle die Nüsse leicht in den Teig drücken.

4. Das obere Backpapier lockern, dann den Teig mithilfe des unteren Papiers auf ein Backblech legen und 3 Stunden oder über Nacht in den Kühlschrank stellen, bis die Masse fest ist.

5. Das obere Backpapier abnehmen, die Platte in zwölf Stücke schneiden, die Schnitten vom Papier lösen und in einen Kunststoffbehälter legen. Zwischen die einzelnen Stücke Backpapier legen, damit sie nicht aneinanderkleben. Bis zu 3 Tage im Kühlschrank aufbewahren.

DATTELDATEN

Datteln sind reich an Ballaststoffen und enthalten viel Kalium, Kalzium, Eisen, Phosphor und Magnesium. Sie sollen gut gegen Darmbeschwerden sein.

Pro Ecke: 224 kcal | 11 g Fett | 2 g ges. Fettsäuren | 31,6 g Kohlenhydrate | 23,1 g Zucker | 5,4 g Ballaststoffe | 4,2 g Proteine | Spuren von Salz

GERÖSTETE EDAMAME MIT CRANBERRYS

Tiefgefrorene Edamame sind junge Sojabohnen, die einen gesunden, eiweißreichen Snack mit vielen Ballaststoffen ergeben und lange satt halten.

ERGIBT 4 PORTIONEN
VORBEREITUNG: 15 MIN. PLUS KÜHLEN
GARZEIT: 15 MIN.

350 g Edamame (grüne Sojabohnen), Tiefkühlware aufgetaut

5-cm-Stück frischer Ingwer, fein gerieben

1 TL grob zerstoßene Sichuan-Pfefferkörner

1 EL Sojasauce

1 EL natives Olivenöl extra

3 kleine Sternanise

40 g getrocknete Cranberrys

1. Den Backofen auf 180 °C vorheizen. Die Sojabohnen auf ein Backblech geben, mit Ingwer und Pfefferkörnern bestreuen, mit Sojasauce und Öl beträufeln und vermischen.

2. Die Sternanise dazugeben. Ohne Abdeckung in den vorgeheizten Ofen schieben und 15 Minuten rösten.

3. Die Cranberrys untermischen und auskühlen lassen. In ein Schraubglas füllen und innerhalb von 12 Stunden verzehren.

EDAMAME-ENERGIE

Edamame sind äußerst vielseitig und punkten mit einem viel höheren Nährwert als Tiefkühlerbsen.

Pro Portion: 182 kcal | 9,2 g Fett | 1,1 g ges. Fettsäuren | 12,7 g Kohlenhydrate | 7,4 g Zucker | 4,4 g Ballaststoffe | 11,2 g Proteine | 0,5 g Salz

KNUSPERKRÄCKER

Wenn Sie noch nie selbst Kräcker gemacht haben, machen Sie mit diesen knusprigen Leckerbissen garantiert nichts falsch. Sie bestehen ausschließlich aus gesunden Nüssen und Saaten und sind völlig getreidefrei.

ERGIBT 30 STÜCK
VORBEREITUNG: 10 MIN. PLUS EINWEICHEN/KÜHLEN GARZEIT: 80 MIN.

85 g Chiasamen
85 g Goldleinsamen
85 g Kürbiskerne
85 g Sonnenblumenkerne
1 EL geschrotete Leinsamen
1 EL getrocknete Beeren
1 EL Sesamsaat
1 TL Meersalz
2 TL Nährhefeflocken
½ TL getrockneter Rosmarin
½ TL getrockneter Thymian

1. Chia- und Goldleinsamen in eine große Schüssel geben. Mit 250 ml kaltem Wasser übergießen, verrühren und für 15 Minuten beiseitestellen. Den Backofen auf 140 °C vorheizen.

2. Die restlichen Zutaten zugeben und gut untermischen. Ein ca. 38 cm x 28 cm großes Backblech mit Backpapier auslegen. Die Kräckermasse auf das Backblech gießen und mit den Fingern oder einem großen Löffel gleichmäßig über die gesamte Fläche verteilen.

3. Die Oberfläche in vier gleichmäßigen Abständen längs einschneiden. In fünf gleichmäßigen Abständen quer einschneiden, sodass 30 rechteckige Umrisse entstehen. Das Backblech auf der mittleren Schiene in den vorgeheizten Ofen schieben und die Masse 45 Minuten backen.

4. Das Backblech herausnehmen und das Backwerk mit zwei großen Pfannenwendern wenden. (sollte das zu schwierig sein, das Backwerk vor dem Wenden mit einem scharfen Messer am mittleren Einschnitt in zwei Hälften teilen.) Das Backblech wieder in den Ofen schieben und weitere 35 Minuten backen.

5. Das Kräckerbackwerk auf ein Holzbrett legen (auf einer Glas- oder Metalloberfläche könnten die Kräcker beim Schneiden zu leicht brechen) und in noch warmem Zustand entlang der Einschnitte in 30 Stücke teilen. Auf einem Kuchengitter mindestens 30 Minuten abkühlen lassen. Erst dann servieren oder in einem luftdicht verschließbaren Behälter aufbewahren.

Pro Stück: 66 kcal | 5,3 g Fett | 0,6 g ges. Fettsäuren | 3,1 g Kohlenhydrate | 0,2 g Zucker | 2,3 g Ballaststoffe | 2,7 g Proteine | 0,2 g Salz

GERÖSTETE GRÜNKOHLCHIPS

Der Geschmack von Grünkohl kommt durch das Rösten schön zur Geltung. Diese Chips passen auch toll zu Suppen.

ERGIBT 4 PORTIONEN
VORBEREITUNG: 20 MIN.
GARZEIT: 10–12 MIN.

250 g Grünkohl
2 EL Olivenöl
2 Prisen Zucker
2 Prisen Meersalz
2 EL geröstete Mandelblättchen, zum Garnieren

1. Den Backofen auf 150 °C vorheizen. Die dicken Stängel und Mittelrippem vom Grünkohl entfernen, sodass etwa 125 g Blätter übrig bleiben. Abspülen und mit Küchenpapier sehr trocken tupfen. Die Blätter in mundgerechte Stücke reißen und mit Öl und Zucker vermischt in eine Schüssel geben.

2. Die Hälfte der Blätter in einer Schicht auf einem großen Backblech verteilen. Mit einer Prise Salz bestreuen und auf der untersten Schiene des Ofens 4 Minuten sanft rösten.

3. Die Blätter durchrühren, dann das Blech andersherum in den Ofen schieben, sodass die vordere Kante jetzt hinten ist. 1–2 Minuten weitergaren, bis die Blätter knusprig und an den Rändern leicht gebräunt sind. Mit den restlichen Blättern ebenso verfahren. Vor dem Servieren die Grünkohlchips mit den gerösteten Mandelblättchen bestreuen. Am besten schmecken die Chips ganz frisch.

GRÜNKOHLGEHEIMNIS

Wichtig ist, das Backblech auf der untersten Schiene zu platzieren, dort ist die Hitze milder. Regelmäßig prüfen, weil die Blätter schnell anbrennen.

Pro Portion: 119 kcal | 9,7 g Fett | 1,1 g ges. Fettsäuren | 6,8 g Kohlenhydrate | 2,1 g Zucker | 2,7 g Ballaststoffe | 3,6 g Proteine | 0,8 g Salz

STUDENTENFUTTER

Diesen beliebten Snack kann man in jedem Supermarkt kaufen, aber er ist schnell selbst gemacht und Sie wissen, was drinsteckt!

ERGIBT 12 PORTIONEN
VORBEREITUNG: 10 MIN. GARZEIT: KEINE

85 g getrocknete Aprikosen, gehackt
85 g getrocknete Cranberrys
85 g geröstete Cashewkerne
85 g Haselnusskerne
85 g Paranusskerne, halbiert
85 g Mandelblättchen
4 EL geröstete Kürbiskerne
4 EL Sonnenblumenkerne
4 EL geröstete Pinienkerne

1. Alle Zutaten in einen luftdicht verschließbaren Behälter geben, den Deckel verschließen und den Behälter mehrere Male schütteln. Vor jedem Öffnen den Behälter durchschütteln, dann wieder sorgfältig verschließen.

2. Die Mischung bleibt bis zu 2 Wochen frisch, wenn der Behälter stets gut verschlossen ist.

VERRÜCKT NACH CASHEWS

Cashewkerne enthalten weniger Fett als die meisten Nussarten, und ihr Fett besteht zum größten Teil aus ungesättigten Fettsäuren. Ihr Gehalt an Antioxidanzien ist ebenfalls beachtlich.

Pro Portion: 267 kcal | 21,2 g Fett | 2,8 g ges. Fettsäuren | 17,1 g Kohlenhydrate | 9,8 g Zucker | 3,6 g Ballaststoffe | 7,2 g Proteine | Spuren von Salz

REGISTER